钟华 著

Internet + Recycling
Points System
Decision-Making of WEEE Recycling

互联网+
回收积分制度

电子废弃物回收决策分析

社会科学文献出版社
SOCIAL SCIENCES ACADEMIC PRESS (CHINA)

摘　要

随着电子产品消费速度加快，电子废弃物数量与日俱增。我国电子产品报废量年均增长率达到 20%，成为世界第二大电子垃圾集散地。当前我国废弃电器电子产品（Waste of Electrical and Electronic Equipment，WEEE，简称"电子废弃物"）处置形势严峻，亟须采取有效措施加以治理，变废为宝。然而，仅靠行政手段难以从根本上解决这一问题，还需借助市场力量。随着互联网、物联网技术蓬勃兴起，"互联网+回收产业"开始受到重视，符合我国再生资源回收模式创新发展趋势。

本研究探索性地将营销领域用于提升客户忠诚度的积分制度引入电子产品回收领域，形成"互联网+回收积分制度"下的资源回收创新模式，二者合力以小应用撬动大市场，自下而上地推动建立健全回收系统，并基于闭环供应链理论对这一制度的有效性进行检验，探索市场化手段下 WEEE 高效回收、规模化利用的可持续路径，主要研究内容与结论如下。

第一，基于计划行为理论、刺激—反应理论、忠诚计划理论，将影响回收意向的因素归纳为行为态度、主观规范、知觉行为控制、回收动机及积分制度五个方面，本研究探索了消费者回收意向影响因素，并对消费者类型进行了划分。研究发现，行为态度（经济价值和环保价值态度）对回收意向的影响最大；其次是知觉行为控制，且主观规范、知觉行为控制对回收意向有显著的正向影响；回收动机对实际回收行为有显著的正向作用；积分制度能够强化消费者的回收意向。

第二，运用统计实证的研究方法检验基于互联网的回收积分制度对消费者行为的影响，并对比分析积分情景和无积分情景下消费者参与回收意向和回收类型的转变。研究表明，积分制度的实施增强了回收意向，并促进了消费者向环保型转变。在回收意向方面，消费者的回收意向与积分制度间存在正相关关系，且积分制度的实施增强了消费者的回收意向。在回收类型方面，在积分制度下消费者环保意识更强，也更加环保、理性。

第三，为了研究互联网背景下回收渠道对供应链的影响，基于结构方程模型实证分析，对比了双渠道，即线上网络回收渠道和线下传统回收渠道的消费者回收行为差异。研究表明，消费者的网络回收态度受其感知易用性、感知有用性、感知收益和感知时间成本影响；回收渠道的便利性和实用性、时间成本低均是吸引消费者的重要因素，合理的回收价格让消费者的感知收益提升，回收体验感更佳；感知风险对消费者的网络回收态度有显著的负向影响；消费者的行为态度、主观规范及知觉行为控制等均会正向影响网络回收渠道选择。

第四，讨论了积分制度下闭环供应链的决策问题。将积分参数化，基于闭环供应链模型，分析积分参数对回收量、供应链各成员利润以及供应链总利润的影响。研究表明，引入积分制度后，在满足一定条件（即积分对回收量影响足够大）时，WEEE 的回收量增加，消费者参与回收获得的收益增加，制造商、零售商、第三方回收商利润以及供应链系统总利润均增加；在任何条件下，实施积分制度叠加政府补贴，可以更大程度调动消费者参与 WEEE回收的积极性，进而使供应链各主体及整个供应链系统的利润增加；绿色闭环供应链系统下，设定合理的积分价值率，不仅能够提高 WEEE 回收量，还能增加供应链各成员的利润。

第五，为了提高"互联网+回收积分制度"运行效率，设计了两种积分模式——独立积分计划和积分联盟，重点对比分析了这两种积分模式下 WEEE 闭环供应链各成员的定价决策及各个主体的利润水平变化。研究表明，相较于独立积分计划模式，在积分联盟模式下，制造商、回收商、消费者及供应链的总利润更高，而零售商的利润受自身竞争力影响；积分运营商针对零售商会设定"最优抽成"，促使其加大投入，提高联盟内积分活跃度，但不同零售商的"最优抽成"不同，竞争力越强的零售商其承受力越强，竞争力弱的企业则没有此承受力；积分运营商在组建积分联盟时，会吸引一些盈利率高且竞争力强的零售商，以使联盟总体利润水平提高。

第六，引入政府补贴激励因素，从补贴对象（消费者、回收商、制造商）、补贴方式（宣传活动补贴、基于回收量的补贴）两个方面比较得出兼顾经济效益、环保的最优策略，最大程度让消费者参与 WEEE 回收。研究表明，对比不同补贴对象，基于回收量的补贴效果相同，即社会的总体效益（经济效益和环境效益）没有差异，而基于宣传活动补贴的效果因补贴额度不同而有所区别；对比两种补贴模式，当补贴额度较小时，宣传活动补贴效果更佳；当补贴额度较大时，基于回收量的补贴的总体效益更优；"政府补贴+积分联盟"优于独立积分计划，能使经济和环境效益提升。

第七，提出相关政策建议，包括针对回收积分制度设计、回收积分平台众筹模式、回收企业及政府部门等方面的建议。

关键词： 电子废弃物回收　积分制度　闭环供应链"互联网+"

目 录

1

第1章 绪论

1.1 研究背景及意义

1.1.1 研究背景

《中共中央关于制定国民经济和社会发展第十四个五年规划和二〇三五年远景目标的建议》中提出了"生态文明建设实现新进步"的目标,强调要打造新兴产业链,推动传统产业绿色化发展。[①] 除了在企业规模上增强污染治理成本优势和技术能力外,更需要在布局上形成物质循环、互利共生的产业生态链,使传统"生产—使用—废弃—治理"的单向生产方式转型为"生产—使用—回收—再利用"的循环经济模式,实现生产系统和

① 《中共中央关于制定国民经济和社会发展第十四个五年规划和二〇三五年远景目标的建议》,新华社,2020年11月3日。

生活系统循环连接，从而解决环境污染问题。坚定走生产发展、生态良好的道路，鼓励建立激励相容的绿色发展机制。

当前，我国废弃电器电子产品（Waste of Electrical and Electronic Equipment，WEEE），即俗称的电子废弃物处置现状不容乐观，随着电子产品消费速度的加快，WEEE 数量也与日俱增。我国 WEEE 年均增长率达到 20%，成为世界第二大电子垃圾集散地，估计到 2020 年，我国每年 WEEE 将达到 1.37 亿台，[①] 面对 70% 以上的全球电子垃圾被转移至中国的严峻形势，亟须采取有效措施加以治理，变废为宝。然而，仅靠行政手段难以从根本上解决环境污染问题，亟须借助市场化手段，探索可持续的治理污染途径。随着互联网、物联网技术的蓬勃兴起，"互联网+回收"开始受到重视，国家发展和改革委员会发布的《2015 年循环经济推进计划》明确指出我国将推动和引导再生资源回收模式创新，积极支持智能回收、自动回收机等新型回收方式发展。"互联网+回收"模式将为我国再生资源回收利用行业提供全新的发展途径，必将

---

① 魏洁：《废弃电器电子产品"互联网+"回收模式构建》，《科技管理研究》2016 年第 21 期，第 230~234 页。

引领回收产业的巨大变革。①

　　本研究探索性地将营销领域用于提升客户忠诚度的积分制度引入电子产品回收中来，形成"互联网+回收积分制度"的资源回收创新模式，二者合力以小应用撬动大市场，自下而上推动建立健全回收系统，并运用闭环供应链理论对这一制度的有效性进行检验，探索市场化手段下 WEEE 高效回收、规模化利用的可持续路径。

　　本研究试图回答以下问题，即在"互联网+"时代背景下，如何实行有效的激励模式，推动 WEEE 回收产业的可持续发展？闭环供应链各个主体该如何决策以实现自身利润最大化？在国家层面，如何通过有效的制度安排使全局供应链最优？

1.1.2　研究意义

　　制度层面，探索了具有中国特色的回收激励模式。作为提高客户黏性的积分制度，可以培养消费者回收习惯，同时，在践行环保理念中实现个人价值，实现了个人与集体、经济与环保相结合。

---

① Hicks C., Dietmar R., Eugster M., "The Recycling and Disposal of Electrical and Electronic Waste in China—Legislative and Market Responses," *Environmental Impact Assessment Review*, 2005, 25 (5): 459-471.

理论层面，拓展了闭环供应链研究在 WEEE 回收领域的应用。作为闭环供应链决策理论的有益补充，积分制度有利于丰富供应链理论的应用场景，从理论视角验证并优化闭环供应链决策，通过有效的协调，科学制定基于积分制度的价格机制。

实践层面，将积分制度应用于环保回收领域，保障了闭环供应链成员多方利益，统筹规划，科学设计，明确了积分制度的操作细则和保障措施，有利于制度的实施。

1.2 研究内容与方法

1.2.1 研究内容

1.2.1.1 积分制度对消费者参与 WEEE 回收行为的影响

通过问卷调查以及统计分析，本书对积分制度如何影响消费者参与 WEEE 回收的意向和类型进行了研究。以计划行为理论为框架，基于行为态度、主观规范和知觉行为控制三个因素，在无积分情境下考察不同消费者回收行为的经济利益和环保利益差异，在积分情境下考察积分兑换和积分认知对消费者参与积分回收的影响，分析消费者参与回收及积分回收的影响因素；在参与回收的消费者类型研究中，主要从经济和环保角度，挑选其中能够代表消费者经济和环保方面观点的变量进行聚类分析，主要包括自我效能感、经济或环保价值态度、环保知识了解程度、环保产品支付程度及回收损失接受程度等因素。在有无积分情境下对消费者意向和类型进行研究后，整体分析积分制度对消费者参与回收的影响，并结合消费者偏好对积分制度的实施提供有针对性的建议，以期为消费者提供更好的回收体验。

1.2.1.2 "互联网＋"时代背景下消费者回收渠道选择研究

在网络和传统回收渠道并存的背景下，分析消费者渠道选择的影响因素，构建消费者回收渠道选择行为理论模型。将计划行为理论（Theory of Planned Behavior，TPB）和技术接受理论（Technology Acceptance Model，TAM）作为本研究的基础模型，结合研究对象的特点，在基础模型中添加了感知风险、感知收益、感知时间成本三个变量，同时参考正向供应链领域的相关研究成果，将消费者回收渠道选择意向分为网络回收意向和传统回收意向，最终形成了本研究的消费者回收渠道选择行为模型。根据已建立的理论模型，利用回收的问卷数据进行了实证分析。通过

SPSS 统计分析工具进行数据的描述性分析。经过信度和效度的检验之后，基于建立的理论模型，通过 AMOS 建立结构方程模型并进行适配度检验，而后对本研究中的假设进行验证，以此提出相关的政策建议。

1.2.1.3 积分制度下绿色闭环供应链模型研究

本研究拟构建制造商、零售商和第三方回收商进行分散回收决策的绿色闭环供应链系统，将积分制度以积分价值率的形式引入绿色闭环供应链模型，进行供应链优化决策研究。在第三方回收商负责回收的情境下，分析积分制度对制造商、零售商以及第三方回收商最优利润、各决策变量最优解以及回收量等的影响。在理论模型的基础上，通过数值模拟有无积分情境下供应链各成员决策变量最优解以及回收量、需求量和利润等。同时，通过改变相关参数的设定值来研究积分制度对回收量、需求量和利润的影响，并结合消费者类型进行简要分析。

1.2.1.4 "互联网+回收积分制度"下闭环供应链模型研究

互联网消费具有可记录特点，故积分成为互联网用户的指征性指标，本研究基于"互联网+回收积分制度"的运营模式，将独立积分计划和积分联盟两种模式引入包含制造商、零售商、第三方回收商的闭环供应链，分别构建两种积分模式下的闭环供应链模型，并对模型进行优化求解，进而对相关参数（消费者对积分以及销售价格的敏感度、积分使用率）的灵敏度进行分析，探究其对回收量和供应链成员利润的影响。同时，对两种积分模式下供应链各主体决策的影响进行对比分析，以期为积分机制的选择提供一定的参考。

1.2.1.5　"互联网+回收积分制度"下 WEEE 回收补贴策略研究

政府补贴作为政策干预的一种形式，可以激励消费者参与 WEEE 回收，引导回收行业的健康发展。政府补贴模式分为基于回收量的补贴和用于环保宣传的补贴。基于回收量的补贴又分为针对消费者、回收商或制造商的补贴。本研究在独立积分计划和积分联盟两种模式中，引入政府补贴，对不同补贴方式、不同补贴对象的闭环供应链总体效益进行比较，寻找经济效益和环境效益整体最优的补贴政策，最大程度让消费者参与 WEEE 回收。

1.2.2　研究方法

围绕研究内容，本书采用文献研究法、访谈及问卷调查法、统计和计量实证分析法、供应链模型定量分析方法、博弈论方法以及数值模拟方法等展开研究。

文献研究法：梳理有关 WEEE 回收的激励机制、积分制度及闭环供应链决策的国内外文献，了解研究进展，并为本书提供理论指导和文献支撑。

访谈及问卷调查法：在梳理已有文献的基础上，结合访谈内容设计调查问卷；基于调查问卷数据，实证分析回收意向、积分制度的影响因素，并借此了解消费者对回收积分制度的具体诉求，从而设计回收积分制度方案。

统计和计量实证分析法：运用 SPSS 和 AMOS 等软件对收集的调查问卷数据进行定量分析，包括聚类分析、信效度分析、结构方程模型分析等。

供应链模型定量分析方法：使积分影响参数化，结合闭环供应链模型，定量分析积分制度对供应链相关主体的影响。

博弈论方法：构建动态博弈模型，确定决策顺序，对供应链各成员的决策变量及利润进行最优值求解。

数值模拟方法：通过具体算例，进行数值模拟，分析积分参数变化对闭环供应链的影响。

1.3　技术路线

综合考虑了研究方法、研究内容、关键技术问题，本书的技术路线如图 1.1 所示。

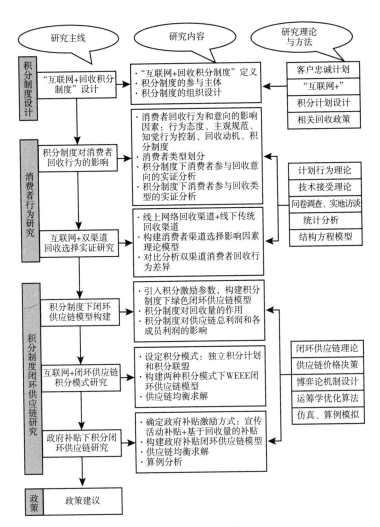

图 1.1　技术路线

1.4　研究特色

本书在"互联网+"时代背景下，将积分制度引入WEEE回收领域，整合行为理论、营销理论和供应链理论等，研究积分制度对消费者回收行为的影响，从闭环供应链优化视角分析积分制度如何影响供应链各方的决策，同时研究政府对"互联网+回收积分制度"的补贴策略，探索市场化手段下 WEEE 高效回收、规模化利用的可持续路径。本书的主要创新点如下。

第一，创新性地将营销理论与方法应用于 WEEE 回收领域，结合互联网时代下积分兑换、支付更加便捷的特点，提出积分回收激励措施，并设计了合理且可行的"互联网+回收积分制度"。

第二，基于计划行为理论、刺激—反应理论，结合忠诚计划理论，将回收行为和意向的影响因素归纳为行为态度、主观规范、知觉行为控制、回收动机及积分制度五个方面，本研究探讨了关于消费者回收意向的影响因素，并对消费者类型进行了划分。研究表明，行为态度（经济价值和环保价值）对回收意向的影响最大，其次是知觉行为控制；主观规范、知觉行为控制对回收意向有显著的正向影响；回收动机对实际（预计）回收行为具有显著的正向作用；积分制度能够增强消费者的回收意向。

第三，运用统计实证，通过调查问卷了解"互联网+回收积分制度"对消费者行为的影响，并进行积分情景和无积分情景下，消费者参与回收意向与回收类型的对比分析。研究表明，积分计划的实施增强了回收意向，促进了消费者类型的转变。同时，消费者的回收意向与积分回收意向之间存在正相关关系，且积分制度增强了消费者的回收意向。在回收类型方面，积分制度使消费者类型发生转变，使其更加环保、更加理性。

第四，构建"互联网+"时代背景下消费者回收渠道选择行为理论模型，研究消费者回收渠道选择的影响因素，探讨如何更好地利用网络渠道实现可持续且绿色的回收。研究表明，消费者的感知易用性、感知有用性、感知收益和感知时间成本直接对网络回收态度产生影响；回收渠道的便利性和实用性、时间成本低均是吸引消费者的重要因素，合理的回收价格让消费者的感知收益提升，回收体验更佳；感知风险对消费者的网络回收态度有显著的负向影响；消费者行为态度、主观规范及知觉行为控制均正向影响网络回收渠道的选择意向。

第五，构建积分制度下 WEEE 回收的绿色闭环供应链模型，其中积分制度的激励效果用积分价值率参数表示。将积分激励参数引入回收量函数，将消费者对于绿色产品的敏感程度引入消费者需求函数，对供应链模型进行最优化求解，分别比较有无积分制度下供应链各成员最优决策及各主体利润的变化。研究表明，在满足一定条件（即积分对回收的影响足够大）时，积分制度下，WEEE的回收量增加，消费者参与回收获得的收益增加，制造商、零售商、第三方回收商以及供应链系统总利润均增加；绿色闭环供应链系统下，合理的积分价值率设定，不仅能够提高WEEE回收量，还能增加供应链各成员的利润。

第六，基于"互联网+回收"背景，将积分联盟模式与传统独立积分计划模式引入WEEE闭环供应链，通过比较两种积分模式，揭示了商家选择不同积分模式的内在机理。通过构建两种积分模式下WEEE闭环供应链模型，探究了两种积分机制下供应链各主体的最优决策，得到最优回收量与利润水平。研究表明，积分联盟模式下，除零售商外各主体及供应链总利润均优于独立积分计划模式，零售商利润受自身竞争力影响；积分运营商针对零售商会设定"最优抽成"，促使其加大投入，提高联盟内积分活跃度，但不同零售商的"最优抽成"不同，竞争力越强的零售商其承受力越大，但竞争力弱的企业则没有此承受力；积分运营商在组建积分联盟时，会吸引一些盈利率高且竞争力强的零售商，以使联盟总体利润水平提高，但是对于联盟内竞争力弱的零售商来说，其利润水平可能会下降。

第七，在积分机制的基础上，引入了政府补贴激励，从补贴对象（消费者、回收商、制造商）、补贴方式（宣传活动补贴、基于回收量的补贴）两个方面形成经济、环保效益最优策略，最大程度让消费者参与 WEEE 回收。研究表明，对比不同补贴对象，基于回收量的补贴效果相同，即对社会的总体效益（经济效益和环境效益）没有差异，而基于宣传活动补贴的效果因补贴额度不同而有所区别；对比两种补贴模式，当补贴额度较小时，宣传活动补贴更有利，反之，当补贴额度较大时，基于回收量的补贴的总体效益更优；"政府补贴+积分联盟"优于独立积分计划，能使经济和环境效益提升。

第2章 国内外相关研究及理论基础

2.1 回收激励的相关政策法规

在回收行为激励因素方面，Catherine 等研究了日本推出的向消费者征收处理费制度，发现该制度的实施导致非法回收上升 25%。[①] 邵萱婷针对手机更换速度快、废旧手机污染严重且正规回收相对困难的现状，提出在政府的主导下，实施手机制造商押金制度以激励消费者参与废旧手机回收。[②] 平力群则分析环保家电积分制度对消费者环保行为的刺激作用。[③] 当前除了价格刺激、处罚等外在因素

① Catherine K. Lin, Linan Yan, Andrew N. Davis, "Globalization, Extended Producer Responsibility and the Problem of Discarded Computers in China: An Exploratory Proposal for Environmental Protection," *Georgetown International Environmental Law Review*, Spring, 2002: 525~576.

② 邵萱婷:《押金制度在废弃手机回收中的应用》,《中国环保产业》2008年第3期, 第36~39页。

③ 平力群:《日本政府刺激消费政策中的"绿色"概念》,《消费导刊》2009年第17期, 第9页。

外，最重要的是考虑消费者内在动机。[①] 知觉行为控制成为回收行为的首要影响因素，消费者不断变化的心理对长期的回收行为有激励作用。因此，有必要从经济激励层面探索一种长效机制，规范消费者行为，并培养消费者环保意识。此时，非价格策略——积分制度成为一种较为合理的政策选择，将对消费者回收行为产生深远的影响。

在积分制度方面，2009 年日本制定环保积分制度，消费者只要购买符合节能标准的家电，就能获得"环保积分"，用于兑换与环保有关的商品或服务。2011 年，日本环境省将该制度适用范围扩大到参与循环经济活动（如垃圾处理）和使用建筑环保材料等环境保护行为。借助市场力量，"环保积分制度"把强化环保、刺激消费和鼓励节能深度融合，使个人的低碳消费生活方式与国家目标相一致，推动绿色环保产业发展，符合"激励相容"原理。[②] 我国上海阿拉环保·再生资源公共服务平台推出

---

① Young R. D.，"Changing Behavior and Making It Stick: The Conceptualization and Management of Conservation Behavior," *Environment and Behavior*，1993，25（3）：485-505；蓝英、朱庆华：《废旧家电回收管理中消费者参与影响因素实证研究》，《生态经济》2009 年第 7 期，第 52~55 页。

② 李国志：《日本发展低碳经济的财政政策及借鉴》，《当代经济管理》2014 年第 1 期，第 94~97 页；尹晓亮：《从"住宅环保积分制度"看日本环保产业政策设计》，《环境保护》2011 年第 24 期，第 66~68 页。

积分制度，根据回收产品给予不同的积分奖励，并统一计入具有银联功能的"积分卡"，本质上属于废弃物有偿回收，附加了环保概念，积分可以用于兑换产品和服务。通过这种办法大大减少了非法回收行为，甚至起到收编非正规回收队伍的作用。2014年底，北京市密云区保峪岭村实行环保积分制度，不仅增添了环保公益行为的趣味性，还有效调动了村民们自觉参与环保的积极性，从而证明环保积分制度不失为一种切实有效的改善环境的激励措施。①

综合对比强制收费、押金补贴、积分制度等回收激励约束措施，积分制度更具针对性，且在体验效果和长期效益方面更具优势。虽然有许多文献认为，经济因素是影响消费者回收的首要因素，但是当考虑到不同的消费者需求时，一些消费者更希望从回收中获得与环保相关的收益，从而实现个人的环保价值。因此，考虑到不同类型的消费者需求，以及回收机制的长效性，积分制度能够在满足不同需求的基础上，具备循环性和长效性，对消费者回收行为产生深远的影响。

---

① 王然：《环保积分显成效 共建美丽小山村——北京市密云区冯家峪镇保峪岭村推行环保积分制度实践》，《城市管理与科技》2016年第5期，第70~71页。

2.2 消费者回收行为研究

2.2.1 消费者回收意愿的研究

回收意愿是影响回收率的关键因素，当前，学者们对于"消费者参与 WEEE 回收意愿"影响因素的研究大致分为内部和外部两个方面。其中内因也就是自身因素，包括年龄、收入、受教育水平、居住地区、对环境的关注程度、性别等；外部因素包括经济激励程度、回收网点和回收设施的距离、回收成本、回收的便利性等。①

对传统回收领域消费者回收行为的研究，使用最多的是计划行为理论（TPB）。余福茂运用验证性因子分析方法对消费者 WEEE 回收行为进行了实证研究，发现回收意愿向回收行为的转化过程中，知觉行为控制发挥着非常重要的作用，同时回收渠道的便利性又是影响知觉行为控制的重要因素。之后余福茂使用分层调节回归分析方法对消费者回收行为进行进一步分析，探讨了消费者对环保的

① Nnorom I. C. , Ohakwe J. , Osibanjo O. , "Survey of Willingness of Residents to Participate in Electronic Waste Recycling in Nigeria: A Case Study of Mobile Phone Recycling," *Journal of Cleaner Production*, 2009, 17 (18): 1629-1637.

认知程度、回收渠道的便利程度和向公众宣传力度等外部因素对居民废旧家电回收行为的调节效应，认为随着消费者环保认知的加深、向公众宣传力度的增大、回收渠道便利性的提高，消费者的废旧家电回收行为会增多。① 在以上研究中余福茂验证了回收渠道的便利性对消费者回收行为的影响。可见便利性是消费者在回收渠道选择时比较关注的一个因素。陆莹莹等基于计划行为理论（TPB），实证分析得出社区回收和上门回收的回收模式是最受居民喜欢的，并且余效影响（过去的回收习惯）、行为控制认知因素（对回收设施和回收途径的认知）及居民对回收经济性的态度将显著影响居民的回收行为。② Echegaray 等通过调研得出文化程度、年龄、性别等内部因素与回收意愿呈现显著的正相关关系，并指出可以利用信息活动、沟通行为、经济激励、立法等外部因素来调动消费者参与回收的积极性，③ 但是该研究没有验证以上外部因素对消费者

① 余福茂：《情境因素对城市居民废旧家电回收行为的影响》，《生态经济》2012 年第 2 期，第 137~142 页；余福茂、钟永光、沈祖志：《考虑政府引导激励的电子废弃物回收处理决策模型研究》，《中国管理科学》2014 年第 5 期，第 131~137 页。

② 陆莹莹、赵旭：《基于 TPB 理论的居民废旧家电及电子产品回收行为研究：以上海为例》，《管理评论》2009 年第 8 期，第 85~94 页。

③ Echegaray F., Hansstein F. V., "Assessing the Intention-behavior Gap in Electronic Waste Recycling: The Case of Brazil," *Journal of Cleaner Production*, 2017 (142): 180-190.

的回收行为是否能真正起到激励作用。Amin Jafari 研究了在经济激励政策下的消费者回收意愿与行为，认为针对回收行为的经济激励达到一定程度时，回收率会达到 90% 以上。[①] 但是 Kuniko 研究指出，在信息化时代，单独的经济激励政策并不能成为消费者回收行为的驱动力，消费者对自身隐私越来越重视，因此保证消费者个人信息安全，确保环境和资源信息公开透明，是一种更为有效的激励措施。[②] 该研究结果恰好验证了 Echegaray 提出的外部行为触发因素对居民回收行为的影响。以上研究讨论了渠道因素、消费者因素与激励因素等对传统回收模式中消费者回收意愿的影响。

近年来网络回收模式兴起，但当前关于回收领域的大部分实证研究集中在传统回收领域，而对网络回收领域消费者行为的实证研究相对较少，且多为网络回收模式的定性分析。Huaidong Wanga 等提出了线上回收概念，将线上回收定义为将互联网思想、技术及模式引入回收

[①]　Amin Jafari, "Factors Affecting Incentive Pendency of Residents to Participate in E-waste Recycling: A Case Study on Adoption of Reverse Supply Chain in Iran," *Environment, Development and Sustainability*, 2017（19）：325 - 338.

[②]　Kuniko Mishima, "Requirement Analysis to Promote Small-sized E-waste Collection from Consumers," *Waste Management and Research*, 2016, 34（2）：122-128.

领域的一种回收行为，并且对"爱回收""回收哥""大风"等有代表性的互联网回收公司的营运模式进行了介绍，提出在未来要建立线上线下相结合的回收模式。① 钱鑫阳等对比分析了传统废旧家电逆向物流模式，剖析了互联网与逆向物流融合的优势，并对其融合的可行性进行了研究，提出了废旧家电新型回收体系。② 刘一非对我国传统回收模式的现状和存在的一些弊端进行了分析，提出"互联网+回收"模式相较于传统单一回收模式的优势。结合现有的政策、法规等分析了"互联网+回收"模式发展的必然性。③ 在网络回收渠道的实证研究方面，王昶等从用户角度出发，基于技术接受理论，构建了居民参与网络回收意愿的影响因素整合模型，利用结构方程模型进行了分析，认为消费者自身因素，如性别、年龄、学历等对其参与"互联网+回收"的态度和意愿均有显著影响。④ 但这仅仅是在单一网络回收模式下对居民回收意

① Huaidong Wanga, Honggui Hanb, "'Internet +'Recyclable Resources: A New Recycling Mode in China," *Resources, Conservation and Recycling*, 2018（134）：44-47.

② 钱鑫阳、石志强、何龙飞、朱武裕：《"互联网+"背景下废旧家电回收模式》，《价值工程》2018年第15期，第83~85页。

③ 刘一非：《互联网+废旧手机回收模式研究》，天津理工大学学位论文，2016。

④ 王昶、吕夏冰、孙桥：《居民参与"互联网+回收"意愿的影响因素研究》，《管理学报》2017年第27期，第1847~1854页。

愿的影响因素进行探究，并没有考虑到双渠道回收模式下消费者的渠道选择。上述研究大都是对网络回收这一新兴回收模式的定性研究，或者是在单一网络回收模式下对消费者选择网络回收的意愿进行研究，然而当前已不再是消费者选择网络回收与否的问题，而是在网络和传统回收模式并存的现实环境下，消费者对这些渠道的感知有何不同，这些感知是否会最终影响其回收行为的问题。

2.2.2　消费者渠道选择的研究

在传统回收渠道与网络回收渠道并存的现实环境下，消费者必然面临对回收渠道的选择，那么影响消费者渠道选择行为的因素有哪些呢？类比于正向双渠道供应链领域，在网店与实体店并存的现实环境下，对渠道的信任程度、自身隐私安全、交易安全等因素会影响到消费者的渠道选择。同时常亚平、朱东红等研究发现，在影响消费者渠道选择的众多因素中，个人信息安全和交易安全排首位，其次是渠道的有用性和方便性。[①] 因此，在双渠道回收领域，消费者所拥有的不同的渠道感知会促成不同的渠

---

① 常亚平、朱东红：《基于消费者创新性视角的网上购物意向影响因素研究》，《管理学报》2007 年第 6 期，第 820~823 页。

道选择行为。

　　然而，在回收领域，涉及消费者渠道选择行为的研究较少，当前大都围绕正向供应链开展。在正向供应链中，消费者渠道感知对其选择行为的影响可以分为以下几个方面。首先，渠道特性对消费者选择的影响，高洋、王雅琳在研究中通过渠道便利性、使用成本及风险性来刻画"渠道特性"。[①] 其次，渠道使用成本也会影响消费者选择，包括时间成本、交易成本及等待成本等。提供上门取件等服务，可以在一定程度上节省消费者参与回收的时间成本，因此，对参与回收所花费时间成本的感知会对消费者选择行为产生影响。最后，影响消费者渠道选择行为的是渠道风险，消费者在购物过程中的感知风险是指购买这一行为存在的不确定性。[②] 消费者在选择渠道时会在很大程度上受感知风险的影响。[③] 当消费者对某一渠道的感知风险高时，便会寻求更安全的渠道。类比于正向供应链，回收过程中存在的渠道风险包

---

① 高洋、王雅琳：《基于匹配理论的消费者渠道选择行为影响因素》，《沈阳工业大学学报》（社会科学版）2016 年第 1 期，第 91~96 页。

② 补国苗、张博文、曹彦玲：《消费者购买渠道选择的影响因素分析》，《河北工程大学学报》（社会科学版）2010 年第 2 期，第 24~25 页。

③ 吴亮、邵培基、盛旭东：《基于改进型技术接受模型的物联网服务采纳实证研究》，《管理评论》2012 年第 3 期，第 66~74 页。

括时间风险、安全风险、隐私风险、心理风险、财务风险等。

2.2.3 绿色消费者回收行为研究

绿色消费是指消费者考虑到自身行为会对环境产生影响，尽量使购买、使用及处置产品的过程的负面影响最小化、长期利益最大化的消费行为。而绿色处置行为则主要表现为对物品的回收再利用。[①] 美国民间调查机构 Roger Organization 自 1990 年以来针对美国消费者进行了密切的消费动向研究。[②] 依据消费者对环境的承诺程度，将消费者分成忠实绿色主义者、钞票绿色者、环保新生者、抱怨者和漠不关心者五种类型。[③]《中国消费新趋势：三大动力塑造中国消费新客群》指出，环保型消费者成为正在崛起的中国消费新客群之一。阿里研究院发现，在阿里巴巴集团中国零售平台的消费者中，16.2% 即 6600 万名消费者在 2015 年购买了 5 件或以上的绿色产品，而 2011 年只有 400

---

① Les Carlson, Stephen J. Grove, Norman Kangun, "A Content Analysis of Environmental Advertising Claims: A Matrix Method Approach," *Journal of Advertising*, 1993, 22 (3): 27-39.

② Jacquelyn A. Ottman:《绿色营销：企业创新的契机》，石文新译，商业周刊出版公司，1999。

③ 周培国:《绿色消费者生活方式研究》，长沙理工大学学位论文，2008。

万（占比 3.4%），这些消费者中愿意为绿色环保产品支付溢价的比例为 33%。[①] Peattie 认为绿色消费者是指具有生态环保意识并能够主动购买消费绿色产品的消费者。[②] 阎俊较早提出"绿色消费者"的概念，将绿色消费者定义为那些关心生态环境、对绿色产品和服务具有现实和潜在购买意愿与能力的消费人群。[③] 综上，绿色消费者是指那些具有绿色意识，并已经或可能将绿色意识转化为绿色消费行为的人群，他们在消费过程中避免使用消耗过多资源的产品、严重影响环境的产品、过度包装的产品、使用珍稀动物制成的产品，以及使用中可能危害他人健康的产品。

2.3　互联网下回收模型相关理论

2.3.1　计划行为理论

早在 1975 年 Fishbein 和 Ajzen 就提出了理性行为理论，[④]

① 魏杰鸿、王佳茜、许静婷、高红冰、杨健、吕志彬：《中国消费新趋势：三大动力塑造中国消费新客群》，《中国企业家》2017 年第 11 期，第 70~78 页。

② Peattie K.，*Green Marketing*，London：Pitman Publishing，1992.

③ 阎俊：《影响绿色消费者消费行为的因素分析及其营销启示》，《北京工商大学学报》（社会科学版）2003 年第 2 期，第 56~58 页。

④ Fishbein M.，Ajzen I.，*Belief, Attitude, Intention, and Behavior：An Introduction to Theory and Research*，Addison-Wesley Publishing Company，1975：53.

用以研究信念和态度是如何通过影响人们的意向从而最终影响行为的。该理论被广泛应用于探究人们行为和意向的各领域，但是其并未考虑到人们在做决定时会受很多外在因素的影响。为了完善理性行为理论，使其能够更有效地解释人们的行为，Ajzen 提出了计划行为理论，[①]延伸和拓展了理性行为理论，并加入对自我行为控制的认知。同理性行为理论相似，计划行为理论认为人们的行为最终受行为态度、主观规范、知觉行为控制的影响，当对某项行为越认可、外部压力越大、实施该行为遇到的障碍越少时，个人就越倾向于实施该行为，如图 2.1 所示。

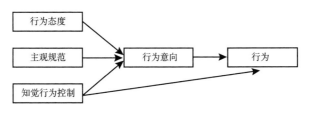

图 2.1　计划行为理论（TPB）模型

2.3.2　技术接受理论

技术接受理论（TAM）是由 Davis 于 1986 年首次提

---

① Ajzen I., "The Theory of Planned Behavior," *Organizational Behavior and Human Decision Processes*, 1991 (50): 179-217.

出的，①旨在解释当时信息技术的高投入与低使用率的问题，通过研究影响用户使用态度的因素，解释和预测用户对信息系统和技术的接受程度与使用意愿，因此可用技术接受模型分析"互联网＋"背景下消费者回收渠道选择影响因素。技术接受理论模型有两个主要的决定因素：一是感知有用性，反映一个人认为使用某个具体系统对其工作业绩提高的程度；二是感知易用性，反映一个人认为某个具体系统容易使用的程度，具体模型如图 2.2 所示。

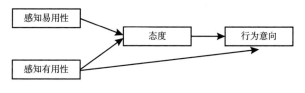

图 2.2　技术接受理论（TAM）模型

2.3.3　收益、风险理论

感知风险这一概念是由哈佛大学 Bauer 教授从心理

---

① Davis F. D.，"A Technology Acceptance Model for Empirically Testing New End-User Information Systems：Theory and Results，" MIT Sloan School of Management，1986.

学的角度提出的。[①] 他认为只要有购买就存在不确定性，而某些结果可能令购买者不快，以上就是风险最初的概念。自 20 世纪 60 年代以来，感知风险理论被用来解释消费者行为。Peter 等于 1976 年将感知风险定义为一种主观预期风险的损失，[②] Featherman 和 Pavlou 于 2003 年将感知风险定义为追求预期结果时可能产生的损失。[③]

类比于购买决策行为的风险，消费者在参与回收的过程中也面临感知风险，可分为以下五个方面：①时间风险，没有成功完成回收而带来的时间成本，与参与回收所带来的等待成本等。②安全风险，网络回收商提供上门回收服务，不法分子利用这种服务给消费者人身、财产带来的安全风险等。③隐私风险，消费者在参与回收的过程中存在个人隐私被泄露的风险。

①　Bauer R. A., "Consumer Behavior As Risk Taking," in: Hancock R. S. (ed.), *Dynamic Marketing for A Changing World*, *American Marketing Association*, Chicago, 1960; Dowling G. R., "Perceived Risk: The Concept and Its Measurement," *Psychology and Marketing*, 1986 (3).

②　Peter J. Paul, Michael J. Ryan, "An Investigation of Perceived Risk at the Brand Level," *Journal of Marketing Research*, 1976, 13 (2): 184-188.

③　Featherman M. S., Pavlou P. A., "Predicting E-services Adoption a Perceived Risk Perspective," *International Journal of Human-computer Study*, 2003, 59 (4): 451-474.

④心理风险，消费者在参与回收的过程中，因客服态度问题等给消费者心理带来的伤害。⑤财务风险，消费者参与回收的过程中回收方给予的价格不合理，消费者因蒙受欺骗而遭受的财务损失等。以上消费者在参与回收的过程中所感知到的风险都会对其回收渠道的选择产生影响。

与感知风险相应，感知收益是基于效价理论，即理性消费者在作出决策时考虑到感知正效用对其行为和意图的影响。Peter 等提出消费者在感知收益、风险的综合影响下，根据自身净收益最大化原则作出决策。[①] 汪明远等指出，消费者感知的收益程度将对其购买行为产生显著影响。[②] 类比于购买决策过程，在参与回收的过程中消费者也会获得相应的收益，如处理 WEEE 带来的资金收益、参与回收带来的环保感知收益、处理 WEEE 后家中生活环境更舒适而带来的收益等。在感知回收收益和感知回收风险等因素的综合影响下消费者作出不同的渠道选择。

---

① Peter J. P., Tarpey L. X., " A Comparative Analysis of Three Consumer Decisions Strategies," *Journal of Consumer Research*, 1975, 2 (1): 29-37.
② 汪明远、赵学锋：《消费者调节定向和从众行为对移动优惠券使用意愿的影响研究》，《管理学报》2015 年第 7 期，第 1045~1050 页。

2.4　积分制度相关研究

2.4.1　忠诚度计划

在商业环境下消费者行为的持续性被称为顾客忠诚度，是指消费者对某企业产品或服务表示信任，进而持续购买和使用该企业产品或服务，在一定的价格波动范围内不会转而购买其他产品或服务，也不会轻易信任其他企业，且主动向别人推荐该企业产品或服务。[①] 学术界关于顾客忠诚度与顾客关系营销问题的探讨非常普遍。忠诚度计划成为关系营销的重要手段之一，曹丽结合传统忠诚度计划划分出会员级别，以此来细分客户，有区别地进行忠诚度培养，探讨了忠诚度计划会员级别与客户忠诚度之间的关系，发现不同级别的会员对忠诚度计划的感知价值有所差别，具体影响因实际会员级别的调节而变化。[②] Arbore 等进一步分析了不同行业中会员级别与数量对客户

---

① 蔡志强、林升梁、贺樯：《烟草营销：如何实施有效的顾客忠诚度管理》，《市场周刊》（研究版）2005 年第 12 期，第 32~33 页。
② 曹丽：《忠诚计划会员级别感知及级别变动对客户忠诚的影响研究》，西安理工大学学位论文，2016。

感知价值的影响，发现随着会员级别越高，顶层客户越少，该层客户对忠诚度计划的感知价值越高。[①] Koo 等考察了客户对忠诚度计划的感知价值与客户对品牌忠诚度之间的关系，结果表明，忠诚度计划的感知价值对于形成客户品牌忠诚度而言至关重要，也就是说，消费者对忠诚度计划越满意，对品牌的忠诚度越高。促销是提升顾客忠诚度的一种手段，在增加销量的同时，也宣传了产品与品牌的价值。[②] Tsao 等依据销售学习曲线分析了零售商在零售商竞争和促销努力下的促销与补货决策，考虑了零售商承担促销成本和供应商分摊促销成本的两种情况，研究表明使供应商和零售商的促销成本分摊比例保持在适当的区间内可以增加各方利润，且随着替代效应的增强或销售学习曲线下移，该区间范围变得更广。[③] Karray 等不仅考虑了供应商和零售商之间的促销合作（纵向联合促销），还加入了零售商之间的促销合作

① Arbore A., Estes Z., "Loyalty Program Structure and Consumers' Perceptions of Status: Feeling Special in A Grocery Store?" *Journal of Retailing and Consumer Services*, 2013, 20 (5): 439-444.

② Koo B., Yu J., Han H., "The Role of Loyalty Programs in Boosting Hotel Guest Loyalty: Impact of Switching Barriers," *International Journal of Hospitality Management*, 2019.

③ Tsao Y. C., Sheen G. J., "Effects of Promotion Cost Sharing Policy with the Sales Learning Curve on Supply Chain Coordination," *Computers and Operations Research*, 2012, 39 (8): 1872-1878.

（横向联合促销），考察了这两种促销均衡决策，得出了不同情况下的两种促销合作及其对供应链成员的影响。除了促销外，积分计划也是一种非常有效的提升顾客忠诚度的方式。①

2.4.2 环保积分制度

2009 年日本推出环保积分制度，消费者只要购买符合节能标准的家电，就能获得"环保积分"，并用于兑换与环保有关的商品或服务。2011 年，日本环境省将该制度适用范围扩大到包括参与循环经济活动（如垃圾处理）和使用建筑环保材料等环境保护行为。借助市场力量，环保积分制度使强化环保、刺激消费和鼓励节能深度融合，使个人的生活方式与国家低碳目标相一致，推动了绿色环保产业发展，符合激励相容原理。②

我国上海阿拉环保·再生资源公共服务平台推出了积

---

① Karray S., "Cooperative Promotions in the Distribution Channel," *Omega*, 2015 (51): 49-58.

② 钟华：《国际电器电子产品再制造的经验及对我国的启示》，《资源再生》2015 年第 3 期，第 17~20 页；钟华、刘婉彤、林琳：《基于押金返还制度的闭环供应链模型研究》，《中国科技论文在线精品论文》2014 年第 8 期，第 857~869 页。

分制度，[①] 根据回收产品的不同给予不同的积分奖励，并统一计入具有银联功能的"积分卡"，本质上属于 WEEE 有偿回收，附加了环保概念，可以用积分兑换产品和服务。通过这种办法大大减少非法回收，甚至起到收编非正规回收队伍的作用。

综上，只要积分制度能够与消费者需求紧密结合，就符合激励相容原理，若能由政府等权威机构倡导推行，将被社会广泛接受和认可，其在 WEEE 回收领域的应用前景也会非常广阔。

2.4.3 积分联盟与独立积分计划

积分计划主要有独立积分计划和积分联盟两种模式。独立积分计划尽管能够使企业吸引大量消费者，但是成本、商品种类、客户感知等方面都存在需要克服的障碍；近些年，随着商家的增加以及顾客购买能力的提升，积分联盟成为比较流行的一种方式，即一张积分卡可以在多个商家使用，有效弥补了独立积分计划的弊端，但是联盟成员实力的差异也是需要考虑的，通常积

---

① 冯俐萍：《"阳光阿拉环保卡"的故事——环保积分卡 环保消费卡 环保银行卡》，《化工管理》2012 年第 5 期，第 97~98 页。

分联盟包括积分运营商、积分提供商、联盟成员（积分使用处）以及消费者。[①] 航空积分是积分联盟比较成功的应用，其扩展了积分入口通道，降低了消费者累积积分的难度，扩大了积分兑换范围，延伸了产业链。[②] 曹丽等以我国航空积分联盟为例，分析了消费者对价格的敏感程度对积分途径、会员优待与积分联盟感知价值之间关系的影响，最终发现积分会对客户的忠诚度有积极的影响，且对不同价格敏感程度的客户有不同的影响。[③] Moon 等研究了非竞争零售商积分联盟对各零售商利润的影响，发现可以有效提升联盟成员的利润，但是纯积分共享政策会导致成本的溢出，不能使供应链最优，可通过目标利率合同来弥补一定的成本支出，以达到供应链协调的目的。[④]

[①]　张华：《电信运营商通用积分业务发展分析》，《电信网技术》2018 年第 3 期，第 48～53 页。

[②]　翟蕊：《F 航空公司积分营销策略研究》，对外经济贸易大学学位论文，2017。

[③]　曹丽、李纯青、高杨、马军平：《积分联盟感知价值及其影响因素对客户忠诚的影响：价格敏感度的调节作用》，《管理评论》2016 年第 2 期，第 103～115 页。

[④]　Moon I.，Xu J.，Feng X. H.，Ruan X.，"Cooperative Sales Promotion with a Point-sharing Policy: Advantages and Limitations," *Omega*，2019.

2.5 闭环供应链的决策机制研究

2.5.1 闭环供应链

传统供应链系统只包括新产品的生产环节而不涉及废旧产品的回收再制造过程，也不包含对资源回收等绿色环保方面的考虑，是单方向的链条。Jayaraman 和 Guide 等较早地提出了闭环供应链概念。[1] Guide 等认为闭环供应链是一个在产品的全生命周期，通过再创造废旧产品的价值，实现整体利益最大化的系统。[2] Monique L. French 和 R. Lawrence La Forge 认为，闭环供应链是一个将新产品销售给消费者，在消费者使用某段时间将其废弃后，再从消费者手中把废弃产品收回，经过再生产重新进行销售的过程。[3] 近年来，我国提出了可持续发展、绿色发展的循

---

[1] Jayaraman V., Guide Jr. V., Srivastava R., "A Closed-loop Logistics Model for Remanufacturing," *The Journal of the Operational Research Society*, 1999, 50 (5): 497-508; Guide Jr. V., Daniel R., Wassenhove Luk N. Van., "The Evolution of Closed-loop Supply Chain Research," *Operations Research*, 2009, 57 (1): 10-18.

[2] Guide Jr. V., Daniel R., Wassenhove Luk N. Van., "The Evolution of Closed-loop Supply Chain Research," *Operations Research*, 2009, 57 (1): 10-18.

[3] Monique L. French, R. Lawrence La Forge, *Managing Closed-loop Supply Chains*, Berlin Springer Verlag, 2006: 76-87.

环理念，学者们也开始将研究重点放在闭环供应链上，强调供应链的发展不再片面地追求经济利益，还要统筹生态环境的发展。我国赵晓敏等学者指出，闭环供应链就是将正向和逆向物流网络集成起来的封闭系统，是实现了新产品、废旧品、再造品的环状结构。[①]综上，闭环供应链实质上是集成了供应链的正逆向两个方向，并借由正向的产品流通以及逆向的废弃品回收再利用这两个流程，实现了资源从制造、使用、废弃的开环向制造、使用、回收、再制造的闭环转变过程。

当前关于闭环供应链决策的研究中，Savaskan 提出的闭环供应链模型被广泛使用。他根据不同的逆向回收主体，划分出了制造商直接回收、零售商间接回收、第三方回收商专门回收这三种回收方式。[②]根据 Stackelberg 序贯博弈模型，最常见的是制造商为领导者、其他参与主体为追随者的经典模型，对不同回收模式下各方决策变量、利润等加以比较和分析。供应链有不同的逆向回收主体、不

---

① 赵晓敏、冯之浚、黄培清：《闭环供应链管理——我国电子制造业应对欧盟 WEEE 指令的管理变革》，《中国工业经济》2004 年第 8 期，第 48～55 页。

② Savaskan R. C., Bhattacharya S., Wassenhov Luk N. Van., "Closed-Loop Supply Chain Models with Product Remanufacturing," *Management Science*, 2004, 50（2）: 239-252.

同的层级,通过各种交叉组合,学者们衍生出了各种不同的决策模型,并在相应模型基础上深入探讨供应链的定价决策等问题。

在传统闭环供应链的决策研究方面,姚卫新从比较宏观的视角,研究了由单一制造商、零售商、回收商构成的闭环供应链,通过建立三种回收模式下的数学模型以及开展相应的实证研究,初步对比分析了供应链各方在不同回收模式下的相关决策及利润情况。[①] 王文宾、达庆利在消费者细分市场的基础上建立了闭环供应链模型,分析比较了回收再制造与不回收再制造两种情景下的供应链成员决策问题。[②] 在资源环境以及政策规制下的闭环供应链决策研究方面,Quariguasi 等以电子废弃物回收为例,运用环境足迹方法分析了供应链各个阶段的环境影响。[③] Mitra 等讨论了政府补贴对闭环供应链利润以及决策行为的影响。[④]

---

① 姚卫新:《制造条件下逆向物流回收模式的研究》,《管理科学》2004 年第 1 期,第 76~80 页。

② 王文宾、达庆利:《考虑市场细分的闭环供应链生产与定价策略》,《控制与决策》2009 年第 5 期,第 675~679 页。

③ Quariguasi F. , Neto J. , Walther G. , Bloemhof J. , et al. , "From Closed-loop to Sustainable Supply Chains: The WEEE Case," *International Journal of Production Research*, 2010, 48 (15): 4463-4481.

④ Mitra S. , Webster S. , "Competition in Remanufacturing and the Effects of Government Subsidies," *International Journal of Production Economies*, 2008, 111 (2): 287-298.

目前随着互联网的发展，网络环境对闭环供应链产生了深远的影响，闭环供应链日益与互联网融合。在网络环境与闭环供应链结合方面，王玉燕等对由制造商和网络平台组成的闭环供应链进行了研究，并证明了在网络平台主导的情景下，消费者享受到的零售价格更低、服务水平更高，电子废弃物的回收量更高，供应链系统的总利润也更高。[①] 许晓彬等对"互联网+回收"模式进行了研究，分析了互联网回收企业与专业回收企业竞争模式对供应链各成员决策以及系统利润产生的影响。[②]

由此可看，闭环供应链模型在国内外的应用非常广泛。因此，本研究所探讨的积分激励制度也将通过闭环供应链模型加以验证和说明。

2.5.2　绿色闭环供应链

绿色供应链理论最早由美国密歇根州立大学的制造研究协会于 1996 年提出，[③] 又称环境意识供应链或环境供应链，

[①]　王玉燕、李璟：《网络平台回收视角下电器电子产品 E-闭环供应链的定价、回收与协调研究》，《山东财经大学学报》2016 年第 2 期，第 88~98 页。

[②]　许晓彬、杨斌、朱小林：《"互联网+"背景下电子废弃物双渠道回收策略研究》，《华中师范大学学报》（自然科学版）2016 年第 5 期，第 683~688 页。

[③]　汪应洛、王能民、孙林岩：《绿色供应链管理的基本原理》，《中国工程科学》2003 年第 11 期，第 82~87 页。

其核心思想是将绿色环保理念贯穿于整个供应链，对物流、信息流、资金流、知识流等进行集成，以实现环境污染最小、资源效率最高的目标。随着生产和生活对环境的影响增大，绿色供应链的研究和实践得到了学术界、企业界以及政府的高度关注，近几年涌现出大量研究成果，研究范围也逐渐拓宽。[①]

绿色闭环供应链是在绿色和闭环供应链的基础上发展起来的，内容包括绿色采购、绿色制造、绿色物流、绿色营销和绿色回收等。绿色制造包含产品设计、材料选择、产品加工、产品包装设计等全部制造过程，绿色回收是指将生产制造过程中以及生命周期结束后失去了使用价值的产品，通过收集、分类、检测、翻新和再制造等流程，使之重新具有新的使用价值的活动总和。[②] 梁喜等采用 Stackelberg 博弈法针对由一个制造商和一个零售商构成的绿色闭环供应链进行研究，分析了处于三种不同力量结构下闭环供应链的最优定价、环保水平和回收水平，以及供应链成员和渠道总利润。[③] 高举红等研究了当产品绿色度和销售努力度影

---

① 韩秀平：《绿色闭环供应链模型及定价策略研究》，哈尔滨理工大学学位论文，2015。

② 朱庆华、阎洪：《绿色供应链管理：理论与实践》，科学出版社，2013，第 8~30 页。

③ 梁喜、马春梅：《不同市场结构下绿色闭环供应链决策分析》，《工业工程》2016 年第 1 期，第 135~141 页。

响市场需求时，零售商主导型闭环供应链的定价、产品绿色度、销售努力度、回收率决策和零售商营销策略选择等问题。① 尚文芳等以单一制造商和零售商为研究对象，针对制造商和零售商在集中控制下的决策模型和以制造商为主导的 Stackelberg 模型，比较分析了产品绿色度、制造商批发价格和零售商零售价格对这两种模型产生的影响。② 除了企业外，政府调控在绿色闭环供应链中也发挥着重要的作用。Francisco 等考虑了政府补贴和公开披露计划两种模式下企业的最优定价决策。③ 曹杰等建立了完全信息对称下由政府主导的 Stackelberg 序贯博弈模型，从产品绿色度的层面研究了碳税对于制造商决策、消费者效用以及社会总福利的影响。考虑到政府的引导机制，从社会福利最大化或整体效益最优的角度来研究绿色产品的税收及补贴政策在绿色闭环供应链管理中是非常必要的。④

① 高举红、韩红帅、侯丽婷、王海燕：《考虑产品绿色度和销售努力的零售商主导型闭环供应链决策研究》，《管理评论》2015 年第 4 期，第 187~196 页。
② 尚文芳、陈优优：《基于消费者环保意识的绿色供应链策略研究》，《工业技术经济》2018 年第 8 期，第 103~108 页。
③ Francisco J. A., Sokr A., Zaccou G., "Public Disclosure Programs vs Traditional Approached for Environmental Regulation: Green Goodwill and the Policies of the Firm," *European Journal of Operational Research*, 2011, 212 (1): 199-212.
④ 曹杰、陈思思：《基于产品差异化的企业最优碳税征收策略》，《企业经济》2016 年第 1 期，第 43~47 页。

2.6　小结

通过以上的文献梳理可以看出，国内外学者从不同的视角出发，对回收激励、消费者回收行为、积分制度以及闭环供应链决策等方面进行了研究，现将其总结如下。

在回收激励方面，学者研究了不同的回收激励模式，探究了影响回收激励效果的因素，对激励形式与消费者感知之间的关系也进行了深入研究。关于消费者的激励机制研究也多是围绕直接的经济奖励或惩罚等展开。然而，简单的经济奖励并不能长久地激励消费者参与 WEEE 回收，经济层面的奖励与消费者的环保意识相结合，可更好地调动消费者参与回收的积极性。因此，需要结合我国实际，从消费者视角探索一种长效机制来促进其参与回收。此时兼顾经济价值和环保理念的积分制度，作为一种非价格机制，就成为一种较为理想的选择。

在消费者回收行为方面，多数学者基于计划行为理论构建模型或框架对消费者进行分析，有些学者会加入情境因素来完善该模型或框架。在消费者类型的研究中，大多数是基于绿色消费行为划分消费者类型，而在回收方面的消费者类型相关文献较少。网络技术的快速发展使得在回收领域产生了一种新的渠道——网络回收渠道。该渠道弥补了传统回收渠道在时间和空间上的弊端，与传统回收渠道一同为消费者参与回收提供多种选择，满足不同类型的消费者诉求，但是在两种不同性质的回收渠道并存的现状下，消费者的渠道选择行为也变得更加复杂。

在积分制度方面，主要关注零售、银行等领域的客户忠诚；对于环保积分制度，主要关注日本、上海、北京等地的应用，仍需加强理论层面的研究。只有积分制度与消费者需求紧密结合，才能符合激励相容原理，使积分制度的实施更好地推动 WEEE 回收。

在闭环供应链决策方面，已有文献多是从制造商和回收商角度研究绿色闭环供应链，与绿色供应链的研究模式类似，均会考虑制造商生产产品的绿色度以及零售商的绿色营销等，而在绿色回收方面的研究较少。在模型中考虑正规第三方回收商也属于绿色回收的一种方式，辅以积分制度，能够影响产品的再制造率，减少 WEEE 带来的污染。

尤其是在互联网时代，积分制度作为市场化运作的一种长效激励手段，将对消费者的回收行为起到规范和引导作用。基于以上分析，本书在互联网环境下将积分制度引入 WEEE 回收领域，探讨其对消费者的回收行为以及整个闭环供应链的影响。

第3章 "互联网+回收积分制度"设计

3.1 "互联网+回收积分制度"定义

本书定义的"互联网+回收积分制度"（以下简称"积分制度"）是指在互联网环境下的环保回收中，根据回收的 WEEE 给予不同的积分奖励并计入参与回收的消费者的"积分卡"中，本质上属于废弃物有偿回收，附加了环保概念，可以用积分兑换产品和服务。积分制度还可以适用于其他环保相关活动，如消费者购买节能环保产品或参加环保公益活动等，同样给予一定的积分奖励。

关于积分的使用途径，既可以折算成一定数额的现金或兑换成折扣券用于购买新产品，也可以折算成免费上门回收、停车、洗车、家政等服务。为提高积分用途的多样性，可考虑建立积分商城，所有商城的用户均可使用积分购买商品或服务。

借助市场力量，积分制度使强化环保、刺激消费和鼓励节能深度融合，使个人的低碳生活方式与国家目标相一致，推动绿色环保产业发展。

3.2 "互联网+回收积分制度" 参与主体

积分制度的参与主体包括制造商、零售商、回收商、消费者。在积分制度下，政府作为保障部门，发挥着非常重要的作用，一方面，积极引导、宣传，并给予一定的补贴及政策支持；另一方面，还可以对接环保部门，将积分系统与环保活动、碳足迹监督有效结合起来，了解居民的环保积分整体情况。

如果是积分联盟，还需要专门的积分平台运营商，并配套相关的技术部门，对积分功能、用途、兑换标准进行设计，但这一部分也可由运营商自行解决。

3.3 "互联网+回收积分制度" 的积分机制

本书重点研究独立积分计划和积分联盟两种机制。

独立积分计划，是传统的积分机制，即商家自建积分系统，消费者可在该系统中结算、使用积分，但仅限于该商家提供的商品和服务。然而，这种积分模式近年来出现了一系列问题，如积分获取难度大、商品兑换种类单一等，导致消费者参与独立积分计划的积极性不高。

积分联盟，是针对独立积分计划存在的不足，一些企业开始推行的新的积分机制，即多家企业合作，实行通用积分制度，以此来扩大积分的入口和出口，提升消费者对积分制度的满意度。这种新的积分机制在多个国家已有应用案例，如韩国的 OKCashBag、英国的 Nectar、德国的 Payback 以及我国的航空积分联盟等，均取得一定的效果。

3.4 "互联网+回收积分制度" 的政策干预

鉴于回收积分制度，尤其是"互联网+回收积分制度"的建立需要软硬件投入和宣传等成本支出，亟须加大公共力量投入，借助补贴形式进行有效的引导。补贴类型大致可分为基于回收量的补贴、基于宣传的补贴和针对达标的奖励。目前还没有针对基本回收量的核定标准，达标奖励实施起来难度较大，因此，本书重点研究基于回收量和宣传的补贴这两种形式，对比不同补贴对象的供应链总效率，进而探寻最高效的补贴策略，以期使"互联网+回收积分制度"有效落地。

3.5 基于供应链视角的"互联网+ 回收积分制度"研究设计方案

本书以设计有效的"互联网+回收积分制度"为出发点,从消费者行为入手,研究互联网背景下积分制度对消费者的影响,进而探讨在闭环供应链视角下如何进行有效的政策干预。鉴于"互联网+回收积分制度"可以分解为积分回收和互联网回收两个方面,为了更好地对单一因素进行剖析,提出更具针对性的建议,本书对积分制度和"互联网+回收"两部分进行研究。

在对积分制度下消费者行为的分析中,通过设置积分情景和无积分情景下消费者类型的转变,分析积分制度对消费者类型(环保倾向等)的影响,进而验证积分制度的可行性;在"互联网+回收"中,通过分析双渠道回收行为的变化,研究基于网络回收和传统回收的消费者渠道选择的差异,明确互联网回收中应关注的事项。

在回收积分制度闭环供应链中,研究有无积分制度时供应链总效率的变化;在互联网回收中,探讨独立积分计划和积分联盟两种形式下供应链各成员及闭环供应链总利润的变化。

在补贴政策方面,研究在基于宣传和回收量的补贴模式下,针对补贴对象(制造商、消费者、回收商)的不同, 以环境效益与经济效益、消费者剩余最大化为目标, 确定更为可行的补贴方案, 以此作为有效的政策调节手段, 促使"互联网+回收积分制度"能够顺利实施。总体积分设计研究方案如图 3.1 所示。

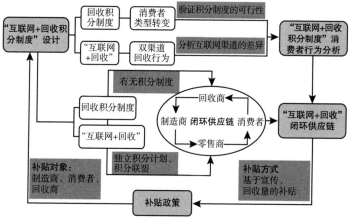

图 3.1 基于供应链视角的"互联网+回收积分制度"设计研究方案

3.6 小结

本章主要就"互联网+回收积分制度"的定义、主体、组织形式及政策干预等进行了简单描述, 并就供应链视角下如何展开对该制度的研究提出了总体设计思路, 后续章节将围绕该方案依次展开详细的模型介绍。

第4章 基于积分制度的电子废弃物回收
影响因素分析

4.1 理论模型构建

4.1.1 模型一：消费者参与电子废弃物回收积分制度意愿模型

计划行为理论是 Ajzen 在理性行为理论的基础上提出的，认为行为态度、主观规范和知觉行为控制共同对个体的行为意图产生影响，并最终促使个体发生实际行为。① TPB 包括三个阶段的理论模型：行为意向能够影响个体行为，行为态度、主观规范和知觉行为控制能够影响行为意向，行为信念、规范信念和控制信念能够影响

---

① Ajzen I., "The Theory of Planned Behavior," *Organizational Behavior and Human Decision Processes*, 1991（50）：179-217.

对应变量。[1] 其中，行为态度是指在实施某种行为时，个体所表现出的关于行为结果的信念或看法；主观规范是指个体在实施某种行为时，受到来自社会各方的压力对其行为的影响，压力来源包括生活中较为亲近的家人、朋友以及社会环境中的公众人物等；知觉行为控制是指个体感知到的实施某种行为的难易程度，主要包括个体感知到的可能对其行为产生促进或阻碍作用的因素及其影响程度。

本研究在探讨消费者实施回收行为及积分回收行为时的影响因素的同时，也希望从经济、环保等方面考量回收行为。因此为了得到符合实际情况的研究结果，在变量的选择上，借鉴相关文献，在原理论模型的基础上增添了其他变量。陆莹莹等在研究废旧家电及电子产品回收行为时加入了经济性因素，结果发现许多居民更愿意从经济角度考虑是否参与回收。[2] 陈平等的研究发现环境价值观与居民绿色消费行为之间存在显著的正相关关系。[3] 在积分制

---

[1] 徐祎飞、李彩香、姜香美：《计划行为理论（TPB）在志愿服务行为研究中的应用》，《人力资源管理》2012年第11期，第102~104页。

[2] 陆莹莹、赵旭：《基于TPB理论的居民废旧家电及电子产品回收行为研究：以上海为例》，《管理评论》2009年第8期，第85~94页。

[3] 陈平、高鹏、余志高：《环境价值观与居民绿色消费行为关系研究》，《江苏商论》2012年第8期，第18~21页。

度方面，结合文献以及实际生活中的应用情况，[①] 探讨消费者的积分认知及兑换情况。本研究在构建模型的基础上，以计划行为理论的第二阶段为框架来分析消费者参与 WEEE 回收的意愿，选取行为态度、知觉行为控制和主观规范三个变量，在回收行为部分将消费者的环保价值态度和经济价值态度加入模型；在积分回收行为部分，除积分价值态度变量外，增加积分认知和积分兑换两个变量对消费者参与积分回收的意愿进行实证研究。考虑到 WEEE 回收积分计划并未实施，故只考虑行为意向，即参与回收意愿和参与积分计划意愿两方面，简化模型如图 4.1 所示。

4.1.2 模型二：回收积分制度下消费者类型分析模型

本研究旨在探索回收积分制度设计问题，第一层面，探讨积分制度的可行性，即在引入积分情景下，消费者类型是否会发生转变，这种转变是否有利于环保回收？如果有正向引导效果，可以进行推广并加以实施；第二层面，如果积分制度可行，为了制定切实可行的个性化积分设计

---

① 汪秀：《环境价值观与绿色消费行为关系研究》，西安工程大学学位论文，2015；郭强：《消费者废旧家电回收行为影响因素及差异化激励研究》，湖南科技大学学位论文，2014。

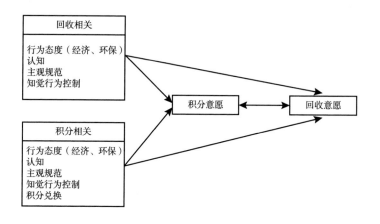

图 4.1 消费者参与 WEEE 回收意愿简化模型

方案，还需研究不同类型消费者在回收过程中的行为意向、积分偏好等差别，进而使方案更具针对性，便于实施。本研究试图证明在积分激励下，消费者回收类型会朝着环保方向转变，并以此推动其积极参与回收，如图 4.2 所示。

图 4.2 消费者类型与积分制度

关于 WEEE 回收消费者类型的研究，有基于性别的，也有基于学历特征、收入水平、地域特征的，[①] 然而，从环保回收角度考虑，有文献专门针对绿色消费表现进行探讨，发现不同消费者类型的溢价接受程度存在一定差异；内在控制型消费者相信自己有较强的控制权，能够表现出很强的自我效能感，[②] 其绿色行为的可能性较高。此外，环境知识与绿色消费者特征呈现出相关关系。[③] 如果仅从经济角度衡量，经济利益最大化是消费者的最优目标，然而，考虑到环境效应及绿色消费者的出现，为了更为客观、全面地衡量消费者类型，在设计模型时，在传统经济利益的基础上，增加了对消费者环保利益的考核指标，试图区分出经济型和环保型消费者的回收偏好，以便于在回

[①] Ceren Oztekin, Gaye Teksöz, Savas Pamuk, et al., "Gender Perspective on the Factors Redicting Recycling Behavior: Implications from the Theory of Planned Behavior," *Waste Management*, 2017 (62): 290-302; Amin Jafari, Jafar Heydari, Abbas Keramati, "Factors Affecting Incentive Dependency of Residents to Participate in E-waste Recycling: A Case Study on Adoption of E-waste Reverse Supply Chain in Lran," *Environment, Development and Sustainability*, 2015 (19): 325-338; 沈明刚：《移动支付业务现状及发展初探》，《当代通信》2006 年第 14 期，第 46~48 页。

[②] 阎俊：《影响绿色消费者消费行为的因素分析及其营销启示》，《北京工商大学学报》（社会科学版）2003 年第 2 期，第 56~58 页。

[③] Arminda M., Finsterra D. Paco., "Determining the Characteristics to Profile the 'Green' Consumer: An Exploratory Approach," *International Review on Public and Nonprofit Marketing*, 2008 (5): 129-140.

收制度的设计上进行差别对待，实现消费者回收体验最优化。

本书在研究消费者类型时，主要是对经济和环保两方面的因素进行描述。鉴于回收行为本身也是绿色消费的一种表现形式，故对消费者绿色消费行为进行了深入的分析。

4.2 变量定义及研究假设

4.2.1 变量定义

本研究的模型基于计划行为理论，故相关定义大都参考基础模型文献，而关于积分方面的变量，则是根据既有模型，考虑到积分因素后修改而成，如表 4.1 所示。

表 4.1 模型变量定义

模型变量	变量	定义
行为态度	$X1$	消费者对回收行为的态度,用来衡量消费者的环保意识强弱
价值态度（经济、环保）	$X2$ $X3$	消费者的价值观,也可理解为消费者参与回收的动机,主要包括经济价值、环保价值

续表

模型变量	变量	定义
知觉行为控制	$X4$	消费者对采取回收行为所能感知的难易程度。本研究用知觉强度和自我效能感来衡量消费者的知觉行为控制。知觉强度是指消费者感知到这些因素对行为的影响程度，自我效能感是指消费者对自己是否有能力改善环境的信念
主观规范	$X5$	消费者在决定是否参与回收时受到的来自周围环境的影响
积分认知	$X6$	消费者对积分制度的了解情况
积分价值态度（经济、环保）	$X7$ $X8$	消费者对于积分回收持有的价值观，主要包括经济价值态度、环保价值态度
积分知觉行为控制	$X9$	消费者对积分回收所能感知的难易程度，主要是积分知觉强度，即消费者感知到的这些因素对参与积分回收行为的影响程度
积分主观规范	$X10$	消费者在决定是否参与积分回收时受到周围环境的影响
积分兑换	$X11$	在积分兑换上消费者对兑换内容以及兑换方式的多样性的在意程度
参与回收意向	$Z1$	消费者参与电子废弃物回收的意愿强弱
参与积分回收意向	$Z2$	消费者参与积分电子废弃物回收的意愿强弱

4.2.2　研究假设

关于消费者参与 WEEE 回收意愿的研究主要假设有无积分两种情境。在无积分情境下，基于计划行为理论，考虑消费者的行为态度、知觉行为控制、主观规范等对回收意向的影响；此外，目前的回收均为有偿回收且能为消费者带来一定的经济利益，故加入经济性因素，在环境因素中，以绿色消费行为相关文献[①]为依据，并加入积分相关问题。回收意向详细模型如图 4.3 所示。

假设 1：消费者的行为态度对其参与回收意向有显著的正向作用。

假设 2：消费者的价值态度对其参与回收意向有显著的正向作用。

价值态度分为经济价值和环保价值，故将该假设分解为以下两项：

假设 2.1：消费者的经济价值态度对其参与回收意向有显著的正向作用。

---

① 陈平、高鹏、余志高：《环境价值观与居民绿色消费行为关系研究》，《江苏商论》2012 年第 8 期，第 18~21 页；汪秀：《环境价值观与绿色消费行为关系研究》，西安工程大学学位论文，2015。

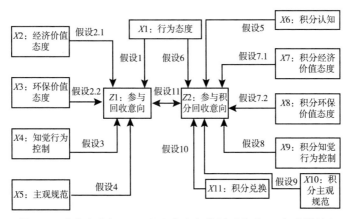

图 4.3 消费者参与 WEEE 回收意向模型（积分/无积分情境）

假设 2.2：消费者的环保价值态度对其参与回收意向
有显著的正向作用。

假设 3：消费者的知觉行为控制对其参与回收意向有
显著的正向作用。

假设 4：主观规范对消费者参与回收意向有显著的正
向作用。

在积分情境下，与前文采用相同的理论方法，对比
分析消费者参与积分回收的意向。在此基础上，积分制
度涉及消费者认知与积分兑换相关服务。同时刘婷在研
究积分制度的认知与评价时证明参与积分计划是建立在
对积分有足够认知的基础上的，能够直接影响积分的实

施效果；① 曹丽等在研究积分联盟感知价值及其影响因素时得知积分渠道或方式越多，积分兑换内容越丰富，操作越便利，消费者参与积分计划的欲望越强烈。② 基于以上原因提出以下假设：

假设 5：积分认知对消费者参与积分回收意向有显著的正向作用。

假设 6：消费者的行为态度对其参与积分回收意向有显著的正向作用。

假设 7：消费者的积分价值态度对其参与积分回收意向有显著的正向作用。

与前述模型类似，积分价值态度分为经济价值态度和环保价值态度，故分解为以下两项假设：

假设 7.1：消费者的积分经济价值态度对其参与积分回收意向有显著的正向作用。

假设 7.2：消费者的积分环保价值态度对其参与积分回收意向有显著的正向作用。

---

① 刘婷：《农民工对积分入户制度的认知与评价——基于广东省问卷调查的分析》，《调研世界》2015 年第 9 期，第 25～29 页。

② 曹丽、李纯青、高杨、马军平：《积分联盟感知价值及其影响因素对客户忠诚的影响：价格敏感度的调节作用》，《管理评论》2016 年第 2 期，第 103～115 页；马军平、李纯青、朱治安：《回报计划感知价值对客户保持的影响实证研究》，《预测》2011 年第 5 期，第 13～17 页。

假设8：消费者的积分知觉行为控制对其参与积分回收意向有显著的正向作用。

假设9：积分主观规范对消费者参与积分回收意向有显著的正向作用。

假设10：积分兑换对消费者参与积分回收意向有显著的正向作用。

为了考察消费者参与回收意向与参与积分回收意向之间的关系，提出以下假设：

假设11：消费者参与回收意向和参与积分回收意向有显著的正向关系。

4.3　问卷设计

4.3.1　设计思路

本研究所用的调查问卷主要包含三个部分：无积分情景、积分情景及人口统计变量，包含消费者参与回收意向的影响因素调查、消费者参与积分回收意向的影响因素调查及个人信息，共计30个题目。第一部分，回答 WEEE 回收相关问题，包含第1~10题，除了第5题外，其他题项均采用李克特五级量表制（1＝非常不同意，2＝不同意，3＝一般，4＝同意，5＝非常同意），后续相关数据分析中的数值，如无特殊说明，均为此分值所代表的含义，即分值越高，表示调查对象对相应的选项内容越认可。前10道题主要用于了解消费者参与回收的行为及价值态度、主观规范和知觉行为控制三个影响因素。第11题为消费者参与回收意向调查。第二部分包含第11～23题，均在积分制度的情景下设定问题。除了第16题外，其他题项均采用李克特五级量表制。其中第12～23题用来探索消费者参与积分回收的认知、偏好等因素。第24题为消费者参与积分回收意向调查。第三部分人口统计变量包含第25～30题共6个题目。调查问卷主要参考相关文献①并结合课题组前期问卷进行开发。调查问卷设计思路见图4.4。

---

① 阎俊：《影响绿色消费者消费行为的因素分析及其营销启示》，《北京工商大学学报》（社会科学版）2003年第2期，第56～58页；陆莹莹、赵旭：《基于TPB理论的居民废旧家电及电子产品回收行为研究：以上海为例》，《管理评论》2009年第8期，第85～94页；陈平、高鹏、余志高：《环境价值观与居民绿色消费行为关系研究》，《江苏商论》2012年第8期，第18～21页；汪秀：《环境价值观与绿色消费行为关系研究》，西安工程大学学位论文，2015；刘婷：《农民工对积分入户制度的认知与评价——基于广东省问卷调查的分析》，《调研世界》2015年第9期，第25～29页；曹丽、李纯青、高杨、马军平：《积分联盟感知价值及其影响因素对客户忠诚的影响：价格敏感度的调节作用》，《管理评论》2016年第2期，第103～115页；（转下页注）

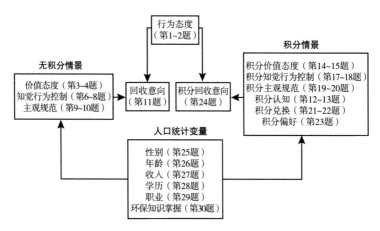

图 4.4　调查问卷设计思路

4.3.2　量表设计

根据以上设计思路，在阅读了大量文献的基础上，结合已有量表的设计思路，完成本课题各个变量及题项的设计，详见表 4.2，具体问卷详见附录 1。

（接上页注①）马军平、李纯青、朱治安：《回报计划感知价值对客户保持的影响实证研究》，《预测》2011 年第 5 期，第 13~17 页；郭强：《消费者废旧家电回收行为影响因素及差异化激励研究》，湖南科技大学学位论文，2014；Ceren Oztekin, Gaye Teksöz, Savas Pamuk, et al., "Gender Perspective on the Factors Redicting Recycling Behavior: Implications from the Theory of Planned Behavior," *Waste Management*, 2017 (62): 290-302.

表 4.2　各变量相关题项

变量	题项
行为态度 $X1$	我认为电子废弃物回收有利于保护环境
	我认为参与回收可以为环保做出贡献,能带来成就感
经济价值态度 $X2$	我很在意电子废弃物的经济价值,即回收价格
环保价值态度 $X3$	我很在意电子废弃物是否能提升我的环保形象
知觉行为控制 $X4$	我认为通过自己的努力,可以改善当下的环保现状
	回收过程越便利,我越愿意参与回收
	回收过程对于信息隐私程度保护得越好,我越愿意参与回收
主观规范 $X5$	身边亲朋好友参与电子废弃物回收,那么我也愿意参加
	政府、环保组织等的宣传会促使我参与回收
参与回收意向 $Z1$	在今后的生活中,您愿意主动参与电子废弃物回收吗
积分认知 $X6$	我很了解一些积分制度
	我经常参与一些积分兑换活动
积分经济价值态度 $X7$	我很在意参与积分回收带来的经济价值,即兑换现金礼品等
积分环保价值态度 $X8$	我很在意参与积分回收是否能提升我的环保形象

变量	题项
积分知觉行为控制 $X9$	积分回收流程越便利,我越愿意参与积分回收
	积分兑换条件越简单,我越会愿意参与积分回收
积分主观规范 $X10$	身边亲朋好友参与积分回收,那么我也愿意参加
	商家和回收商等对于积分回收的大力宣传会促使我参与积分回收
积分兑换 $X11$	我比较关注积分兑换内容的多样性
	我比较关注积分兑换方式的多样性,如可以线上线下多种方式兑换
参与积分回收意向 $Z2$	在今后的生活中,如果实施积分回收制度,您愿意主动参与电子废弃物回收吗

4.4　预调查与信效度检验

4.4.1　预调查分析

对消费者参与 WEEE 回收的调查属于探索性实证研究,在正式问卷发放前,先进行预调查。本次预调查共随

机发放 70 份问卷，收回 66 份有效问卷，问卷有效率为
94%。为了提高调查研究的稳定性，需要对问卷进行信度
检验，即判断调查的题项与研究主题之间是否具有稳定性
和一致性，确保回答能够真实反映预期目标，使收集的数
据具有分析价值。常用的信度测量指标为克隆巴赫
Cronbach α 系数，通常检验值在 0.6 以上认为可信，且信
度越高，表示测量结果越准确。在本次预调查中，各变量
的克隆巴赫α 信度检验值均大于 0.7，总量表的克隆巴赫
α 信度检验值为 0.907。如表 4.3 所示，即问卷的整体信
度符合要求，问卷设计比较合理。

表 4.3　预调查问卷数据信度分析

变量名称	题目数	Cronbach's Alpha
行为态度	2	0.769
价值态度	2	0.725
知觉行为控制	3	0.713
主观规范	2	0.721
积分认知	2	—
积分价值态度	2	0.835
积分知觉行为控制	2	0.893
积分主观规范	2	0.750
积分兑换	2	0.900
总量表	19	0.907

在预调查基础上对问卷措辞等进行了微调并正式开展调研，2018 年 1 月开始，历时 20 天，采用问卷星、线下等方式，共计发放消费者参与 WEEE 回收的调查问卷 707 份，城市覆盖全国 34 个省级行政区中的 29 个，其中有效问卷为 625 份，有效率达 88.4%。为保证问卷质量，特向问卷星付费定制筛选功能，以获得高质量数据。汇总整理调查问卷结果，对本次调查的样本数据进行描述性统计分析，结果如表 4.4 所示。

表 4.4 样本数据描述性统计分析

单位：人，%

人口统计变量	变量明细	人数	比例
性别	男	256	41.0
	女	369	59.0
年龄	20 岁及以下	43	6.9
	20~30 岁	330	52.8
	30~40 岁	198	31.7
	40~50 岁	43	6.9
	50 岁及以上	11	1.8
学历	高中及以下	23	3.7
	专科	80	12.8
	本科	443	70.9
	硕士	70	11.2
	博士及以上	9	1.4
收入	3000 元及以下	123	19.7
	3000~5000 元	125	19.7
	5000~8000 元	185	29.6
	8000~10000 元	117	18.7
	10000 元及以上	75	12.0

人口统计学变量	变量明细	人数	比例
职业	学生	125	20.0
	教学科研人员	45	7.2
	企业工作人员	376	60.2
	政府工作人员	28	4.5
	其他	51	8.2
总计		625	100

根据表 4.4 所示，年龄段主要集中在 20~40 岁，学历以本科为主，收入在 5000 元左右居多，职业主要为企业工作人员，与实际生活情况较为相符，男女比例分别为 41% 和 59%，不均衡，但通过梳理相关文献的数据调研成果了解到，以往调研文献中，性别比例也存在失衡情况，[①] 均未有特殊处理，故经过慎重考虑，在信度通过检验之后，仍保留原有基本数据，未进行删除处理。总体看，本次调查问卷收集到的样本数据结构比较合理，可进行后续分析研究。

---

① 顾曼：《在线电子废弃物回收平台用户行为研究》，厦门大学学位论文，2017；Echegaray F., Hansstein F. V., "Assessing the Intention-behavior Gap in Electronic Waste Recycling: The Case of Brazil," *Journal of Cleaner Production*, 2017 (142): 180-190; Jafari A., Heydari J., Keramati A., "Factors Affecting Incentive Dependency of Residents to Participate in E-waste Recycling: A Case Study on Adoption of E-waste Reverse Supply Chain in Lran," *Environment, Development and Sustainability*, 2017, 19 (1): 325-338。

4.4.2　量表信度检验

与前述预调查问卷的内部一致性信度检验原理一致，正式研究利用 SPSS 软件对各变量以及整体信度进行分析，结果如表 4.5 所示。

表 4.5　调查问卷数据信度分析

变量名称	题目数	Cronbach's Alpha
行为态度	2	0.601
价值态度	2	0.612
知觉行为控制	3	0.619
主观规范	2	0.602
积分认知	2	0.872
积分价值态度	2	0.603
积分知觉行为控制	2	0.784
积分主观规范	2	0.654
积分兑换	2	0.754
总量表	19	0.812

根据表 4.5 所示，本次调查问卷整体的克隆巴赫 α 信度检验值为 0.812，大于 0.8；各变量的克隆巴赫 α 信度检验值在 0.6～0.9，说明本次调查问卷具有较高可信度。

4.4.3 量表效度检验

调查问卷的效度是指样本数据对结果目标的反映程度，效度越高表明检测的结果对于目标的反映程度越高。多数调查研究均选用结构效度对样本数据进行效度分析，以 KMO 值和 Bartlett 球形度检验值的大小为判定依据，通常当 KMO 值大于 0.6 时适合做因子分析，且 KMO 值越大，效度越好；同时，Bartlett 的球形度检验的显著性水平小于 0.05 时适合做因子分析。

因此，本研究基于此方法，用 SPSS 软件对回收意向量表、积分回收意向量表以及总量表进行效度分析，结果如表 4.6 所示。

表 4.6　KMO 和 Bartlett 的检验

项目	KMO 值	Bartlett 的球形度检验近似卡方	df	Sig.
参与回收意向量表	0.737	1242.714	36	0.000
参与积分回收意向量表	0.694	1963.053	45	0.000
总量表	0.778	4027.433	171	0.000

根据表 4.6 所示，本次调查问卷的总量表以及各分量表的 KMO 值均大于 0.6，且显著性水平为 0.000，小于 0.05，说明本次调查问卷能较好地反映结果。

4.5　模型一：消费者参与回收
积分制度意愿实证分析

4.5.1　消费者参与回收意愿的实证分析

为了探究消费者参与回收意向是否与消费者的行为态度、经济与环保价值态度、知觉行为控制以及主观规范等因素相关及其强度，本研究采用 SPSS 软件进行相关性分析，相关系数矩阵如表 4.7 所示。

根据表 4.7 所示，消费者参与回收意向与行为态度、环保价值态度、知觉行为控制和主观规范等因素在 0.01 的显著性水平上存在显著的正相关性，相关系数分别为 0.231、0.199、0.334 和 0.415。根据相关性强弱顺序，依次为主观规范、知觉行为控制、行为态度以及环保价值态度。这表明在参与回收过程中，消费者比较容易受到身边亲朋好友以及政府宣传等的影响，从而激励消费者参与回收；同时，消费者的自我效能感和知觉强度越强时，参与回收的意向越强；消费者的行为态度均值为 4.325，表明消费者均有一定程度的环保回收意识，但与参与回收意向的相关性较弱，这在一定程度上说明在消费者普遍有环保回收意识的前提下，消费者的行为态度对参与回收意向的影响不大。同时发现，消费者的经济价值态度与参与回收意向并没有显著的相关性。

在探究消费者行为态度、价值态度、知觉行为控制和主观规范与参与回收意向的相关性之后，为了得到具体的各因素对参与回收意向的实际影响，将上述因素作为自变量、参与回收意向作为因变量，进行线性回归分析，分析结果如表 4.8 所示。

根据表 4.8 所示的拟合情况，将所有变量均纳入回归模型，说明以上所有自变量对参与回收意向都存在显著影响。从相关分析得知，经济价值态度与参与回收意向之间并不存在显著的相关关系，但是在控制其他自变量后，经济价值态度的显著性水平小于 0.05，且经济价值态度的系数为负，说明在所有自变量的影响下，经济价值态度对参与回收意向有负向作用。环保价值态度的系数为正，说明其对参与回收意向有正向作用。模型的 R^2 为 0.212，修正的 R^2 为 0.206，略优于原来的回归模型拟合效果，各自变量的显著性水平均小于 0.05，表明回归模型整体来说是显著的。以上结论可以证明假设 1、假设 2.2、假设 3、假设 4 成立，而与假设 2.1 的结论相反。

表 4.7　各变量与参与回收意向 Z1 之间的相关系数矩阵

变量	均值	标准差	X1	X2	X3	X4	X5	Z1
行为态度 X1	4.325	0.7612	1.000					
经济价值态度 X2	3.480	1.002	0.187**	1.000				
环保价值态度 X3	3.340	0.940	0.249**	0.442**	1.000			
知觉行为控制 X4	4.034	0.629	0.301**	0.197**	0.237**	1.000		
主观规范 X5	3.935	0.703	0.336**	0.060	0.307**	0.471**	1.000	
参与回收意向 Z1	7.990	1.933	0.231**	0.007	0.199**	0.334**	0.415**	1.000

注：** 表示在 0.01 的水平（双侧）上显著相关。

表 4.8　参与回收意向 Z1 回归分析

指标	非标准化系数 B	标准误差	标准化系数 Beta	t	Sig.	R^2	F	修正 R^2
常量	1.736	0.545		3.184	0.002			
主观规范 X5	0.779	0.118	0.283	6.590	0.000			
知觉行为控制 X4	0.537	0.128	0.175	4.192	0.000	0.212	33.374	0.206
行为态度 X1	0.196	0.098	0.077	1.994	0.047			
经济价值态度 X2	-0.197	0.078	-0.102	-2.509	0.012			
环保价值态度 X3	0.197	0.086	0.096	2.277	0.023			

通过以上分析，可以初步得到的结论是，消费者的参与回收意向受到行为态度、主观规范和知觉行为控制的显著影响。当前 WEEE 回收市场的价格普遍较低，消费者能够获得的经济价值较低，看重经济价值的消费者一旦认为回收收益不能达到预期，就没有参与的积极性，而看重环保价值的消费者的环保态度比较积极，会更愿意参与环保回收，由此可见适当的经济激励是十分必要的。

4.5.2 消费者参与回收积分制度意愿的实证分析

为了研究积分制度下消费者参与积分回收意向是否与消费者的积分经济与环保价值态度、积分知觉行为控制、积分主观规范、积分认知和积分兑换等因素相关以及这些因素之间的关系强度，用 SPSS 软件对影响消费者参与积分回收意向的因素与参与积分回收意向之间的相关性进行分析，得到的相关系数矩阵如表 4.9 所示。

根据表 4.9 所示，积分制度下消费者参与积分回收意向与积分认知、积分环保价值态度、积分知觉行为控制、积分主观规范和积分兑换在 0.01 的显著性水平上存在相关性，相关系数分别为 0.152、0.155、0.206、0.200 和 0.128，均为正数。相关性较强的是积分知觉行为控制和积分主观规范。这与前文消费者参与回收意向的研究结果一致，表明在参与回收问题上，无论是否有积分制度，消费者均比较容易受到身边亲朋好友以及政府宣传等的影响，从而激励消费者参与积分回收；同时，消费者的自我效能感和知觉强度越强，参与积分回收意向越强。同时发现，消费者的积分经济价值态度并不会显著影响消费者参与积分回收意向。

　　为了探究消费者行为态度、积分价值态度、知觉行为控制和主观规范等因素与参与积分回收意向的实际关系强度，本研究将上述因素作为自变量、参与积分回收意向作为因变量，进行线性回归分析，分析结果如表 4.10 所示。

　　根据表 4.10 所示的拟合情况，只将积分认知、积分知觉行为控制、积分主观规范和积分环保价值态度纳入回归模型，消费者的行为态度、积分经济价值态度和积分兑换并未纳入，说明在积分价值态度中只有积分环保价值态度对消费者的参与积分回收意向是存在显著影响的。模型中的系数均为正数，说明以上自变量对参与积分回收意向有正向作用。模型的 R^2 为 0.075，修正的 R^2 为 0.066，与原来的回归模型拟合效果相近，各自变量的显著性水平均小于 0.05，表明回归模型整体上来说是显著的。以上结论可以证明假设 5、假设 7.2、假设 8 和假设 9 成立，假设 6、假设 7.1 和假设 10 不成立。

表 4.9　各变量与参与积分回收意向 Z2 的相关系数矩阵

变量	均值	标准差	X1	X6	X7	X8	X9	X10	X11	Z2
行为态度 X1	4.325	0.761	1.000							
积分认知 X6	3.174	0.982	0.003	1.000						
积分经济价值态度 X7	3.320	0.893	0.105**	0.190**	1.000					
积分环保价值态度 X8	3.250	0.908	0.077	0.200**	0.432**	1				
积分知觉行为控制 X9	3.894	0.823	0.286**	0.054	0.144**	0.254**	1			
积分主观规范 X10	3.707	0.763	0.283**	0.158**	0.194**	0.352**	0.402**	1		
积分兑换 X11	3.882	0.809	0.184**	0.221**	0.272**	0.205**	0.212**	0.332**	1	
参与积分回收意向 Z2	8.310	1.445	0.033	0.152**	0.039	0.155**	0.206**	0.200**	0.128**	1

注：同表 4.7。

表 4.10　参与积分回收意向 Z2 回归分析

模型	非标准化系数 B	标准误差	标准系数 Beta	t	Sig.	F	R^2	修正 R^2
常量	5.644	0.445		12.679	0.000	33.301	0.075	0.066
积分认知 X6	0.167	0.059	0.113	2.804	0.005			
积分知觉行为控制 X9	0.243	0.097	0.106	2.506	0.012			
积分主观规范 X10	0.211	0.085	0.112	2.493	0.013			
积分环保价值态度 X8	0.150	0.072	0.094	2.080	0.038			

通过以上分析，可以初步得到的结论是，消费者参与积分回收意向受积分认知、积分知觉行为控制和积分主观规范的显著影响。同时消费者的环境意识强弱会影响其参与积分回收，越看重环保价值的消费者越愿意参与积分回收，而消费者看重经济价值并不会显著影响其参与积分回收。这可能是由于目前实行类似积分制度的回收企业以发放虚拟积分而非实际货币的形式来鼓励消费者参与回收，并不能直接给予消费者现金奖励，且积分奖励力度也并非很大，不能显著地影响看重经济价值的消费者的参与积分回收行为，即不足以增强这类消费者参与积分回收的意愿。

4.5.3　积分制度对消费者参与回收意向的影响

将调查问卷中对消费者参与回收意向以及参与积分回收意向数据进行了配对样本 T 检验，结果显著性等于 0.000（小于 0.05），如表 4.11 所示，为此拒绝原假设，认为积分制度引入前后消费者参与回收意向发生变化。积分制度引入前后，得分均值由 7.99 上升到 8.31，上涨了约 4%，表明积分制度引入能够在增强消费者回收意向方面，对 WEEE 的回收管理起到积极的促进作用。同时，对积分制度引入前后数据进行相关性检验，结果如表 4.12 所示，达到显著性水平，表明消费者参与回收意向与参与积分回收意向之间存在显著的正向相关关系，因此假设 11 成立。

表 4.11 积分制度引入前后消费者参与回收意向
对比分析配对样本 T 检验

指标	均值	成对差分均值	t	Sig.（双侧）
参与回收意向	7.99	−0.315	−4.184	0.000
参与积分回收意向	8.31			

表 4.12 积分制度引入前后消费者参与
回收意向相关系数矩阵

指标	均值	标准差	$Z1$	$Z2$
参与回收意向 $Z1$	7.99	1.933	1.000	1.000
参与积分回收意向 $Z2$	8.31	1.445	0.408**	

4.6 模型二：积分制度下消费者参与回收意愿及类型的实证分析

4.6.1 消费者参与回收类型的实证分析

通过上文消费者参与回收意向分析可知，消费者的价值态度会影响其参与回收意向。为了进一步探究经济价值态度消费者与环保价值态度消费者之间的区别与联系并对其特征进行描述，结合消费者类型影响因素相关文献，围绕经济与环保价值方面，选取了经济价值态度、环保价值态度、环保产品支付程度、自我效能感以及环保知识了解程度五个变量进行聚类分析。本章采用的聚类方法为 K-均值法，基本思路是将样品分成 K 个初始类，并将这 K 个初始类的重心（均值）作为初始凝聚点，对其余样品通常以欧氏距离为基准逐个归类，重新计算重心（均值），反复迭代直至得到最终的分类。

选取上述五个变量作为分析变量，经过多次迭代分类，最终将所有样本数据分为 4 类。首先给出初始的聚类中心，经过反复迭代，得到最终聚类中心以及最终聚类中心间的欧氏距离如表 4.13、表 4.14 所示；然后对变量进行单因素方差分析，检验变量在聚类中是否发挥明显作用，结果如表 4.15 所示。

表 4.13　最终聚类中心

变量	聚类			
	1	2	3	4
经济价值态度	2	4	3	4
环保价值态度	2	3	4	4
环保产品支付程度	3	2	2	4
自我效能感	3	3	4	4
环保知识了解程度	2	2	2	2

表 4.14　最终聚类中心间的欧氏距离

聚类	1	2	3	4
1		2.017	2.150	2.710
2	2.017		1.588	1.910
3	2.150	1.588		1.633
4	2.710	1.910	1.633	

表 4.15　方差分析

变量	聚类		误差		项目	
	均方	df	均方	df	F	Sig.
经济价值态度	126.988	3	0.395	621	321.729	0.000
环保价值态度	101.337	3	0.398	621	254.335	0.000
环保产品支付程度	57.883	3	0.649	621	89.182	0.000
自我效能感	42.569	3	0.511	621	83.285	0.000
环保知识了解程度	0.824	3	0.242	621	3.410	0.017

　　除了环保知识了解程度外，其他变量在聚成的类别之间有显著差异。

　　在对整体的消费者类别进行分析后，下文对每一类别进行命名，并通过具体的分析描述其特征，结果如表 4.16 和表 4.17 所示。

表 4.16　各类别样本数统计

单位：人，%

项目	类别	样本数	比例
聚类	1	175	28.00
	2	184	29.44
	3	117	18.72
	4	149	23.84
总计		625	100.00

表 4.17　各类别消费者差异分析

类别命名	分类				各变量平均数
	1	2	3	4	
	钞票绿色主义者	经济主义者	环保主义者	经济环保主义者	
	类别在各变量上的平均数				
经济价值态度	2.366	4.114	3.222	4.221	3.483
环保价值态度	2.417	3.130	4.111	4.060	3.336
环保产品支付程度	3.057	2.359	2.376	3.651	2.866
自我效能感	3.406	3.277	4.137	4.322	3.723
环保知识了解程度	2.131	2.120	2.282	2.215	2.176
参与回收意向	7.789	7.710	8.658	8.819	7.994

根据以上聚类结果以及各变量平均数的差异可以发现，第一类别消费者除了环保产品支付程度外的其他变量的均值均低于总平均数，显示该类消费者基于经济和环保价值态度均没有表现出较强的积极性与参与性，但在环保

产品支付程度方面均值较高，因此根据相关文献①将其命名为钞票绿色主义者，这类消费者的特征是愿意花更多的钱来购买绿色产品。第二类别消费者只有经济价值态度的均值高于总平均数，因此将其命名为经济主义者。第三类别消费者的环保价值态度、自我效能感、环保知识了解程度均值高于总平均数，经济价值态度不是特别积极，因此将该类消费者命名为环保主义者。第四类别消费者的所有变量的平均数均最高，显示该类消费者的经济和环保价值态度均较积极，因此将其命名为经济环保主义者。

从环保知识了解程度来看，环保主义者和经济环保主义者的环保知识了解程度变量的均值均高于总平均数，说明环保价值态度较为积极的消费者对环保知识的了解程度相比于其他类别消费者要高。从参与回收意向来看，对各类别消费者的回收意向进行排序，结果为：经济环保主义者>环保主义者>钞票绿色主义者>经济主义者。

4.6.2　消费者参与回收积分制度类型的实证分析

为了探寻在积分制度下参与消费者的类型，在积分回收中，类似于参与回收的聚类变量，特选取了积分经济价

---

① 邵萱婷：《押金制度在废弃手机回收中的应用》，《中国环保产业》2008年第3期，第36~39页。

值态度、积分环保价值态度、回收损失接受程度、自我效能感以及环保知识了解程度五个变量进行聚类分析，采用K-均值法进行聚类分析。

选取上述五个变量作为分析变量，经过多次迭代分类，最终将所有样本数据分为 4 类。首先给出初始的聚类中心，经过反复迭代，得到最终聚类中心以及最终聚类中心间的欧氏距离如表 4.18、表 4.19 所示；其次对变量进行单因素方差分析，检验变量在聚类中是否发挥明显作用，结果如表 4.20 所示。

表 4.18　最终聚类中心

变量	聚类			
	1	2	3	4
积分经济价值态度	4	3	4	3
积分环保价值态度	3	3	4	3
回收损失接受程度	2	2	2	3
自我效能感	2	4	4	4
环保知识了解程度	2	2	2	2

表 4.19　最终聚类中心间的欧氏距离

聚类	1	2	3	4
1		1.633	2.329	2.051
2	1.633		2.159	1.785
3	2.329	2.159		1.851
4	2.051	1.785	1.851	

表 4.20　方差分析

变量	聚类		误差		项目	
	均方	df	均方	df	F	Sig.
积分经济价值态度	87.215	3	0.381	621	229.151	0.000
积分环保价值态度	57.734	3	0.549	621	105.184	0.000
回收损失接受程度	87.606	3	0.419	621	209.289	0.000
自我效能感	58.346	3	0.435	621	134.160	0.000
环保知识了解程度	0.997	3	0.241	621	4.138	0.006

根据以上可知，所有变量检验的显著性水平均小于 0.05，说明这些变量在聚成的类别之间有显著差异，发挥了明显作用。

在对整体的消费者类别进行分析后，下文对每一类别进行具体的分析以及特征描述，结果如表 4.21 和表 4.22 所示。

表 4.21　各类别样本数统计

单位：人，%

项目	类别	样本数	比例
聚类	1	80	12.80
	2	162	25.92
	3	181	28.96
	4	202	32.32
总计		625	100.00

表 4.22 各类别消费者差异分析

类别命名	分类				各变量平均数
	1	2	3	4	
	经济主义者	潜在环保者	经济环保主义者	环保主义者	
	类别在各变量上的平均数				
积分经济价值态度	3.575	2.593	4.223	2.991	3.320
积分环保价值态度	2.550	2.722	3.945	3.337	3.253
回收损失接受程度	2.362	1.846	2.254	3.450	2.549
自我效能感	2.450	3.636	4.188	3.881	3.723
环保知识了解程度	2.100	2.086	2.249	2.213	2.176
参与积分回收意向	7.863	8.216	8.475	8.411	8.309

根据以上聚类结果以及各变量平均数的差异可以发现，第一类别消费者只有积分经济价值态度的均值高于总平均数，因此将其命名为经济主义者。对比之下，第二类别消费者的所有变量的均值均低于总平均数，显示该类消费者在积分经济和环保价值态度方面均没有体现出较强的积极性与参与性，但由于自身的自我效能感与整体均值相差不大，因此将其命名为潜在环保者。第三类别消费者除回收损失接受程度外的其他变量的平均数均高于总平均数，显示该类消费者在积分经济和环保价值态度方面均体现出较强的积极性和参与性，因此将其命名为经济环保主义者。此外，第四类别消费者除了积分经济价值态度外的

其他变量的均值均高于总平均数，在积分经济价值方面的态度不是特别积极，因此将该类消费者命名为环保主义者。

从环保知识了解程度方面来看，环保主义者和经济环保主义者的环保知识了解程度的均值均高于总平均数，说明积分环保价值态度较为积极的消费者的环保知识了解程度相比于其他类别消费者要高。从参与积分回收意向来看，对各类别消费者的回收意向进行排序，结果为：经济环保主义者>环保主义者>潜在环保者>经济主义者。

4.6.3　积分制度对消费者参与回收类型的影响

根据前文对两种情景下消费者类型分析的结果，本部分将从消费者类型定义与数量变化以及回收意向方面针对积分制度对消费者参与回收类型的影响进行简要的分析。

4.6.3.1　消费者类型及数量变化

首先从消费者类型定义来看，在无积分情景下将消费者划分为经济主义者、环保主义者、经济环保主义者和钞票绿色主义者四类；而在积分情景下将消费者划分为经济主义者、环保主义者、经济环保主义者和潜在环保者四类。根据类型定义及特征可以直观地得出，积分制度的实行令钞票绿色主义者转变成潜在环保者，表明消费者更愿意花钱购买绿色产品，但并不接受由积分制度引发的回收价格降低。因此从消费者角度考虑，绿色产品的售价可以相对提高，但积分奖励不应该影响 WEEE 的正常回收价。从数量变化来看，如图4.5所示，如果将钞票绿色主义者和潜在环保者均看作为没有明确偏好的消费者类型，则没有明确偏好者和经济主义者的比例减少，环保主义者和经济环保主义者的比例增加，且环保主义者的比例增加幅度较大，说明积分制度下消费者参与回收时更看重环保价值。

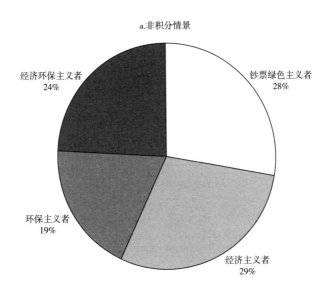

a.非积分情景

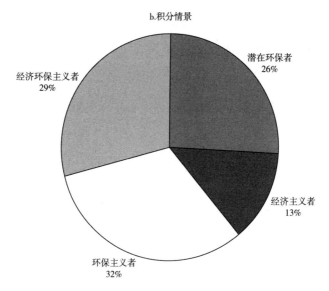

图 4.5　消费者类型比例（无积分/积分情景）

4.6.3.2　回收意向变化

无积分情景下，对各类别消费者的回收意向进行排序，结果为：经济环保主义者>环保主义者>没有明显偏好消费者（钞票绿色主义者）>经济主义者。

在积分情景下，对各类别消费者的回收意向进行排序，结果为：经济环保主义者>环保主义者>没有明显偏好消费者（潜在环保者）>经济主义者。

具体结果如图 4.6 所示。

从各消费者类别来看，没有明确偏好者和经济主义者

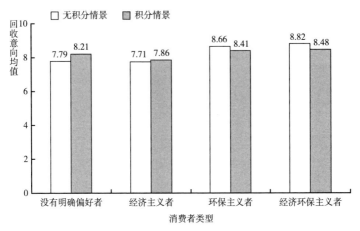

图 4.6　消费者回收/积分回收意向

的回收意向均值增加得较为明显，环保主义者的回收意向
基本保持不变；从整体趋势来看，积分制度下各类消费者
的回收意向均值趋于平稳且较高，说明积分制度是存在一
定激励作用的。也可以发现经济主义者参与回收意向和参
与积分回收意向相比于其他类型消费者均很低，这与前文
的分析结果一致，目前参与回收获得的经济回报不高，对
看重经济价值的消费者的激励作用不大。

　　对消费者的环保意识进行描述性统计分析。根据表 4.23
结果可知，消费者整体具有较强的环保意识；在实际中可以
发现，WEEE 的回收现状并不乐观。这表明客观回收条件可
能是影响消费者参与回收的重要因素。

表 4.23　消费者环保意识描述性统计

项目	均值	众数	标准差	方差	极小值	极大值
我认为电子废弃物回收有利于保护环境	4.44	5	0.734	0.539	2	5
我认为参与回收可以为环保做出贡献，能带来成就感	4.21	5	0.924	0.853	1	5

4.6.4　消费者偏好与积分制度

由上述分析可知，在参与积分回收时消费者分为不同的类型，同时积分制度的实行也能够在一定程度上激励消费者参与回收。本部分希望通过研究不同类型的消费者在积分回收方面的需求与偏好，在积分制度的设计及实施过程中为消费者提供更精准的人性化服务。

从图 4.7 可以看出，经济主义者偏好兑换一些与经济利益相关的服务，如返还现金以及兑换小商品等，而环保主义者更偏好兑换一些与生活相关的服务，如兑换相关服务（维修/家电清洗等）以及环保产品折扣等。

考虑到不同类型消费者在知觉行为控制以及积分兑换方

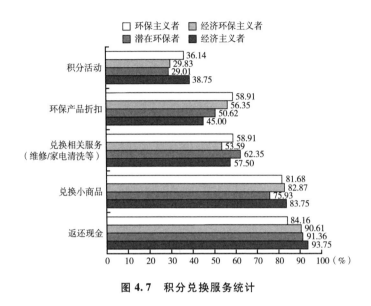

图 4.7　积分兑换服务统计

面的差异性，整理各变量均值如表 4.24 所示，所有消费者关于回收最关注的是积分回收便利性，相比之下，对于回收隐私性的关注程度稍低。在积分兑换方面，积分兑换方式多样性是消费者较为关注的。消费者对于回收隐私性和积分回收便利性的要求较高。其中，经济环保主义者在各方面的需求均较高，说明这类消费者注重回收的各个方面。经济主义者对于积分兑换简便性的需求不高，说明在能够获得一定经济价值的基础上，对于兑换简便与否，该类消费者并不是很在意。其他类型消费者关于积分兑换方面的需求均相差不大。

表 4.24　不同消费者类型需求差异

类别	回收隐私性	积分回收便利性	积分兑换简便性	积分兑换内容多样性	积分兑换方式多样性
经济主义者	3.813	4.075	2.450	3.775	3.950
潜在环保者	4.006	4.179	3.638	3.630	3.642
经济环保主义者	4.298	4.419	4.187	4.171	4.127
环保主义者	4.183	4.245	3.881	3.792	3.901

4.7　小结

本章主要从两个方面探究积分制度对消费者参与回收的影响。

首先，在参与回收意向方面，用相关分析和回归分析方法验证有无积分情景下消费者参与回收意向的影响因素，对研究假设进行验证，结果表明，消费者的行为态度、主观规范、知觉行为控制与环保价值态度对参与回收意向有显著的正向作用；而消费者的经济价值态度对参与回收意向有显著的负向作用。消费者的积分认知、积分主观规范、积分知觉行为控制与积分环保价值态度对参与积分回收意向有显著的正向作用。

其次，在消费者类型方面，用聚类分析方法研究有无积分情景下参与回收的消费者类型，从而在无积分情景下将消费者划分为经济主义者、环保主义者、经济环保主义者和钞票绿色主义者，在积分情景下将消费者划分为经济主义者、环保主义者、经济环保主义者和潜在环保者。同时，通过卡方检验发现性别和职业对消费者参与回收意向有一定的影响。

最后，就以上两个方面所得到的结论进行比较分析。在回收意向方面，对研究假设进行验证，得到消费者的参与回收意向与参与积分回收意向之间存在正相关关系，且积分制度下消费者的参与回收意向增强。在类型方面，在积分制度下消费者参与回收时更看重环保价值，表明积分制度的实行能够增强消费者的环保意识，同时，在增强消费者整体回收意向的基础上，积分制度还能够增强经济主义者和没有明确偏好者的回收意向。综上所述，积分制度的实行可以使消费者的回收意识和环保意识增强，对 WEEE 回收管理能起到积极的促进作用。

第5章 基于"互联网+回收积分制度"的回收渠道模型研究

5.1 理论模型构建

在传统回收领域，众多学者在计划行为理论（TPB）的基础上进行延伸，探究消费者参与回收的影响因素，侧重于研究消费者主观规范、行为态度、知觉行为控制与消费者行为意向之间的相关性。在网络经济时代，随着互联网技术的兴起，学者们意欲探究新兴技术的哪些方面会影响到消费者对其的接受与使用，一种新的理论——技术接受理论（TAM）应运而生并被广泛使用。它侧重于消费者感知方面的研究，主要包括消费者感知有用性和消费者感知易用性两个方面。在逆向供应链领域，以上两种理论经常被结合起来使用，用以探究消费者参与回收行为意向的影响因素。但是这两种理论仅仅是在考虑单渠道回收背景下被广泛使用，在双渠道背景下很少涉及，因此本研究考虑在既有传统回收渠道又有网络回收渠道的双回收渠道背景下，结合以上两种理论，同时兼顾双渠道的特征，综合考虑消费者感知风险、消费者感知收益、渠道信任等因素，构建本研究的理论模型。

本研究目的在于在既有网络回收又有传统回收的双渠道回收背景下，分析影响消费者回收渠道选择行为的因素。由于本研究既包括传统回收渠道又包括在网络时代诞生的新兴网络回收渠道，故基于计划行为理论和技术接受理论构建模型。回收这一行为面临种种不确定性，因此其在一定程度上也存在风险和收益。对于消费者来说，参与回收最直接的收益就是财务收益，其次是潜在收益，包括参与回收所做的环保贡献、处理 WEEE 后所带来的舒适生活环境等。此外相关研究表明回收渠道的便利性是影响消费者渠道选择行为的重要因素，而回收渠道便利与否的直接体现就是消费者参与回收所花费的时间，因此将感知时间成本这一变量用来衡量消费者对回收渠道便利与否的感知程度。上述因素在消费者参与回收的过程中均会对其渠道选择产生影响，因此，本研究基于计划行为理论、技术接受理论构建模型，并结合研究对象的特点在模型中增加感知风险、感知收益、感知时间成本等变量，从而形成本研究最终的理论模型，如图 5.1 所示。

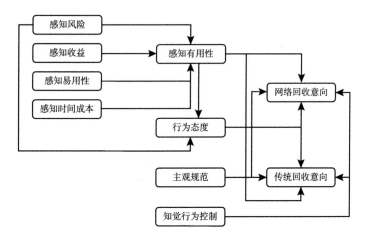

图 5.1 消费者渠道选择影响因素理论模型

5.2 变量定义及研究假设

5.2.1 变量定义

本研究理论模型中各变量的具体含义如表 5.1 所示。

表 5.1 模型变量定义

模型变量	变量	定义
感知易用性	$X1$	对消费者来说选择网络回收渠道参与回收的可操作性

续表

模型变量	变量	定义
感知有用性	X2	对消费者来说选择网络回收渠道进行回收感受到的渠道的实用性程度,如高效、便捷程度等
主观规范	X3	人们在决定选择网络回收渠道进行电子废弃物回收时受到的来自周围的影响,包括身边人的影响、政策法规的影响等
知觉行为控制	X4	人们在决定选择网络回收渠道进行电子废弃物回收时所能预期到的阻碍或拥有的资源情况
感知网络渠道风险	X5	消费者根据自身感知对回收渠道风险程度的评判
感知时间成本	X6	对消费者来说相较于网络回收渠道,选择传统回收渠道所感知到的付出的时间成本
感知收益	X7	对消费者来说选择网络回收渠道参与回收所带来的好处,包括但不限于节约时间、获得更多的经济收益等
行为态度	X8	消费者对于网络回收渠道的肯定或否定的看法
感知传统渠道风险	X9	对消费者来说选择传统回收渠道参与回收所可能遇到的风险,包括但不限于隐私泄露等

模型变量	变量	定义
网络回收意向	$Z1$	消费者在以上多种因素的作用下选择网络回收渠道进行回收的意向程度
传统回收意向	$Z2$	消费者在以上多种因素的作用下选择传统回收渠道进行回收的意向程度

5.2.2 研究假设

网络回收在一定程度上方便了广大消费者，因此越来越多的消费者开始选择该渠道进行 WEEE 回收。但在当前以消费者体验为主的环境下，消费者在使用该平台时会从感知到的有用性和易用性等特性出发对其进行综合评价，从而影响其回收意向。邓朝华等对消费者使用网银的行为进行了研究，表明感知有用性和感知易用性对消费者使用态度有正向影响。[①] 于琪以 3C 数码产品为例，利用结构方程模型对消费者购买行为进行实证研究，结果表明消费者对渠道的态度受感知易用性和感知有用性的正向影

---

① 邓朝华、鲁耀斌、张金隆：《TAM、可靠性和使用能力对用户采纳移动银行服务的影响》，《管理评论》2009 年第 1 期，第 59~66 页。

响,从而正向影响网络购买意向,[①] 由此提出如下假设。

假设1:感知网络回收渠道有用性正向影响网络回收意向。

假设2:感知网络回收渠道有用性正向影响网络回收态度。

假设3:感知网络回收渠道易用性正向影响网络回收态度。

假设4:感知网络回收渠道易用性正向影响感知网络回收渠道有用性。

假设5:网络回收态度正向影响网络回收意向。

目前在学术领域关于计划行为理论的研究较为成熟,综合国内外研究成果可以得出,行为态度、知觉行为控制和主观规范等都对意愿有正向的影响作用[②]。主观规范指人们在决定采取某种行为时受到的来自周围环境的影响。这种影响包括身边人的影响、政策法规的影响等。知觉

---

① 于琪:《消费者渠道选择因素与双渠道协调策略》,北京邮电大学学位论文,2018。

② Nnorom I. C., Ohakwe J., Osibanjo O., "Survey of Willingness of Residents to Participate in Electronic Waste Recycling in Nigeria-A Case Study of Mobile Phone Recycling," *Journal of Cleaner Production*, 2009, 17 (18): 1629-1637; Echegaray F., Hansstein F. V., "Assessing the Intention-behavior Gap in Electronic Waste Recycling: The Case of Brazil," *Journal of Cleaner Production*, 2017 (142): 180-190.

行为控制指人们在决定采取某种行为时所能预期到的阻碍或拥有的资源情况。例如当消费者周边群体都在通过网络回收方式参与回收或者建议其使用网络回收方式回收 WEEE，且该消费者认为自己有能力使用网络回收方式时，会产生使用网络回收渠道的意向。由此提出如下假设。

假设 6：网络回收主观规范正向影响网络回收意向。

假设 7：网络回收知觉行为控制正向影响网络回收意向。

在探究感知风险与消费者行为之间关系的研究中，1996 年，Jarvenpaa 和 Todd 的研究表明消费者感知风险会直接对其态度产生影响；[①] Forsythe 和 Shi 针对影响消费者网上购物行为因素的研究发现，消费者感知风险会直接对其态度产生负向的影响；[②] 国内学者沈明刚对消费者移动支付行为的研究发现，安全性、可操作性和个人隐私成为

① Jarvenpaa S. L. , Todd P. A. , "Consumer Reactions to Electronic Shopping on the World Wide Web," *International Journal of Electronic Commerce*, 1996, 1（2）: 59-88.

② Forsythe S. M. , Shi B. , "Consumer Patronage and Risk Perceptions in Internet Shopping," *Journal of Business Research*, 2003, 56（11）: 867-875.

移动支付中最令人担忧的因素。[①] 同样，在消费者选择网络回收渠道进行回收时，考虑到网络回收平台的不安全性，一方面存在泄露用户账号密码和重要信息的风险，另一方面某些 WEEE 如废旧手机、电脑等，可能存在隐私信息泄露的风险。消费者对使用网络回收渠道所感知到的风险同样会影响其对网络回收平台的态度和对网络回收渠道有用性的感知，进而影响消费者的渠道选择行为，由此提出以下假设。

假设 8：感知风险负向影响网络回收态度。

假设 9：感知风险负向影响感知网络回收渠道有用性。

网络回收渠道是一种新兴的回收渠道，给消费者带来诸多收益，可将其划分为感知直接收益和感知间接收益两个方面，其中感知直接收益是以金钱形式体现的收益，如"爱回收"提供的数据显示，相比于传统回收渠道的回收价格，网络渠道的回收价格会高 10%～15%。[②] 感知间接收益为网络回收渠道给消费者提供的诸多相关服务，包括

---

① 沈明刚：《移动支付业务现状及发展初探》，《当代通信》2006 年第 14 期，第 46～48 页。

② 韩璐、阿细：《"爱回收"上门》，《21 世纪商业评论》2014 年第 17 期，第 60～61 页。

上门取件，以及与传统回收渠道相比回收的便利性等。消费者对网络回收渠道的感知收益会影响其对待网络回收渠道的态度和对网络回收渠道有用性的感知。据此，提出以下假设。

假设10：感知收益正向影响网络回收态度。

假设11：感知收益正向影响感知网络回收渠道有用性。

之前的研究对回收渠道便利性是否会影响消费者参与回收进行了探究，发现87.6%的消费者认为回收的便利性会影响到其是否参与回收。余福茂等通过验证性因子分析、分层调节回归分析等方法对影响消费者回收意愿的因素进行了研究，[①] 结果表明回收渠道的便利性是影响消费者参与回收的重要因素之一。而回收渠道便利与否的重要体现就是消费者在整个回收过程中所花费的时间。本研究以消费者对网络回收渠道的感知时间成本为参照，探究相对于网络回收渠道而言消费者对传统回收渠道的感知时间成本，相关测量题项如表5.2所示。当消费者认为传统回收渠道花费的时间越多，那么选择该渠道的态度会

---

① 余福茂：《情境因素对城市居民废旧家电回收行为的影响》，《生态经济》2012年第2期，第137~142页；余福茂、钟永光、沈祖志：《考虑政府引导激励的电子废弃物回收处理决策模型研究》，《中国管理科学》2014年第5期，第131~137页。

越消极，而对网络回收渠道的态度会越积极，感知到的网络回收渠道的有用性会越强烈，进而选择网络回收渠道的意愿也会越强烈。由此，提出以下假设。

假设12：感知传统回收时间成本正向影响网络回收态度。

假设13：感知传统回收时间成本正向影响感知网络回收渠道有用性。

Yang 等在 2007 年对大学生关于 ULP 购买渠道选择的研究认为，大学生对网络渠道的态度与网络购买意愿呈正相关，与线下渠道购买的意愿也呈正相关。[①] 国内学者于琪[②]、张辉[③]等对消费者购买渠道选择行为的研究认为，消费者对待网络购买渠道的行为态度、主观规范、知觉行为控制均负向影响其线下购买意向，并通过实证验证了假设的显著性。对于消费者的回收渠道选择行为，根据经验分析，当消费者具有强烈的网络回收知觉行为控制与主观

① Yang SuJin, Park Jungkun, Park Jihye, "Consumers' Channel Choice for University-licensed Products: Exploring Factors of Consumer Acceptance with Social Identification," *Journal of Retailing and Consumer Services*, 2007 (14): 165-174.

② 于琪:《消费者渠道选择因素与双渠道协调策略》，北京邮电大学学位论文，2018。

③ 张辉:《消费者渠道选择与双渠道供应链定价》，南京大学学位论文，2014。

规范、积极的网络回收态度、相比于传统回收渠道对网络回收渠道的感知有用性更强烈时，其对待传统回收渠道的意向是消极或不积极的。由此，提出以下假设。

假设 14：网络回收渠道态度负向影响传统回收意向。

假设 15：知觉行为控制负向影响传统回收意向。

假设 16：主观规范负向影响传统回收意向。

假设 17：感知有用性负向影响传统回收意向。

5.3　问卷设计

5.3.1　设计思路

本部分是为了探索消费者回收渠道选择的阻碍和促进因素有哪些、消费者对不同回收渠道的感知如何。

关于消费者渠道选择行为影响因素的调查问卷分为两个部分。第一部分主要是消费者的人口统计学特征；第二部分是本研究理论模型中所有变量的测量题项，包括感知易用性、感知有用性、主观规范、知觉行为控制、行为态度、感知传统渠道风险、感知收益、感知网络渠道风险、感知时间成本和传统回收意向等变量。调查问卷中第二部分的测量项均采用李克特五级量表设计，1~5 表示程度从最低到最高，其中"1"表示"非常不同意"，"3"表示"一般"，"5"表示"非常同意"。消费者根据对题项的赞同程度打分，最低的打 1 分，最高的打 5 分，具体问卷详见本书附录 2。

5.3.2　量表设计

具体题项设计详见表 5.2。

表 5.2　各变量的测量题项

变量	测量题项	编码
感知易用性（$X1$）	学习使用网络回收平台或 App 对我来说很简单	$X11$
	熟练操作网络回收平台或 App 对我来说很简单	$X12$
	通过网络回收平台或 App 完成回收对我来说很简单	$X13$
感知有用性（$X2$）	与传统回收方式相比，我认为通过网络回收方式处理电子废弃物更加高效	$X21$
	与传统回收方式相比，我认为通过网络回收方式处理电子废弃物更加方便	$X22$
	与传统回收方式相比，我认为网络回收方式更加实用	$X23$

变量	测量题项	编码
主观规范 （X3）	对我来说重要的人（如家人、朋友、同事）会赞同我通过网络回收方式进行回收	X31
	媒体、政府、社会组织等会支持我通过网络回收方式进行回收	X32
知觉行为控制 （X4）	我认为我有能力使用回收网站或回收App（指使用电脑、智能手机、互联网的知识与能力）	X41
	我认为找到回收网站或回收App对我来说很容易	X42
	我认为我可以成功使用回收网站或回收App完成回收	X43
感知网络渠道风险 （X5）	我担心网络回收平台会泄露我的个人信息资料	X51
	我担心网络回收商不能专业地处理涉及隐私的电子废弃物（如废旧手机），造成我的隐私泄露	X52
	我担心网络回收平台的回收价格不合理	X53
感知时间成本 （X6）	与网络回收方式相比，我认为将电子废弃产品送到传统回收网点会占用我较多时间	X61
	与网络回收方式相比，我认为传统回收的交易过程（如检查、评估、议价等）会占用我较多时间	X62
	与网络回收方式相比，我认为传统回收的整个回收流程会消耗较多时间	X63

续表

变量	测量题项	编码
感知收益 （$X7$）	与传统回收方式相比，我认为网络回收可以为我提供更广泛的服务	$X71$
	与传统回收方式相比，我认为通过网络回收我可以获取更高经济收益（如网络回收会给我更高的回收价格等）	$X72$
	与传统回收方式相比，我认为通过网络回收方式参与回收更加时尚	$X73$
行为态度 （$X8$）	与传统回收方式相比，我认为网络回收是一种很好的回收方式	$X81$
	与传统回收方式相比，我认为使用网络渠道进行回收会感到很愉悦	$X82$
	请您对两种回收渠道偏好（喜欢）程度进行选择	$X83$
感知传统渠道风险 （$X9$）	我担心传统回收商会泄露我的个人信息资料	$X91$
	我担心传统回收商不能专业地处理涉及隐私的电子废弃物（如废旧手机），造成我的隐私泄露	$X92$
	我担心传统回收平台的回收价格不合理	$X93$
网络回收意向 （$Z1$）	如果有待回收的电子废弃产品，我会优先选择网络回收渠道	$Z11$
	如果朋友有待回收的电子废弃产品，我会推荐他们选择网络回收渠道	$Z12$

变量	测量题项	编码
传统回收意向（$Z2$）	如果有待回收的电子废弃产品,我会优先选择传统回收渠道	$Z21$
	如果朋友有待回收的电子废弃产品,我会推荐他们选择传统回收渠道	$Z22$

5.4 预调查与信效度检验

5.4.1 预调查分析

为了测试问卷设计的合理性,在正式调研前进行预调查分析,预调查的主要对象为在校大学生、科研人员及身边的亲朋好友,共发放问卷 100 份,收回 93 份,有效问卷为 89 份,有效率为 95.7%。对所得数据做信度分析,具体分析结果如表 5.3 所示。

表 5.3 预调查问卷信度

变量	题目数	Cronbach's Alpha
感知易用性	3	0.687
感知有用性	3	0.984
知觉行为控制	3	0.875
主观规范	2	0.675

变量	题目数	Cronbach's Alpha
感知网络渠道风险	3	0.799
感知传统渠道风险	3	0.774
感知收益	3	0.827
行为态度	3	0.743
感知时间成本	3	0.825
总量表	26	0.914

由表5.3可知，各分量表的信度基本上在0.7以上，且总体量表的信度为0.914，说明问卷的信度符合要求，问卷设计较为合理。

为了测试问卷的结构效度是否合理，对回收来的问卷做了因子分析，发现感知易用性有一个测量题项被划归至感知有用性，知觉行为控制中有一个测量题项被划归至感知易用性，所以在最终的问卷中对感知易用性的测量题项进行了修正。同时为了验证消费者对回收时间成本的感知是否会影响其回收渠道选择行为，将感知时间风险从感知回收渠道风险中独立出来并命名为感知时间成本。同时参考 Yang 等[1]的研究，将消费者的渠道选择意向分为网络回收

---

[1] Yang SuJin, Park Jungkun, Park Jihye, "Consumers' Channel Choice for University-licensed Products: Exploring Factors of Consumer Acceptance with Social Identification," *Journal of Retailing and Consumer Services*, 2007 (14): 165-174.

意向和传统回收意向。经过以上修改形成最终的测量问卷。

本调研于 2018 年 1 月开始，历时 1 个月，采用问卷星、线下等方式共计发放消费者参与 WEEE 回收的调查问卷 1000 份，城市覆盖全国 29 个省级行政区，回收问卷 750 份，其中有效问卷为 700 份，有效率为 93.3%。为保证问卷质量，特向问卷星付费定制筛选功能，以获得高质量问卷。

5.4.2   量表信度检验

信度是评价问卷质量的重要指标，反映了测量方法的稳定性和一致性，即所选择的测量工具能否稳定地测量所需研究的概念。当前在研究中应用最广的测量信度的方法为 Cronbach's α，取值为 0~1，系数值越大，说明各个观测变量的相关性越高，内部一致性程度也就越高，如表 5.4 所示。

表 5.4 α 系数与可信度关系

Cronbach's α 系数	可信程度
$\alpha > 0.9$	信度非常高
$0.7 < \alpha < 0.9$	高信度
$0.35 < \alpha < 0.7$	中等信度
$\alpha < 0.35$	不可信

本研究中的信度分析结果见表5.5。

表 5.5 信度分析结果

变量名称	Cronbach's α(如果项目已删除)	Cronbach's α
感知易用性 1	0.594	
感知易用性 2	0.627	0.724
感知易用性 3	0.690	
感知有用性 1	0.584	
感知有用性 2	0.662	0.740
感知有用性 3	0.713	
主观规范 1		0.696
主观规范 2		
知觉行为控制 1	0.626	
知觉行为控制 2	0.590	0.706
知觉行为控制 3	0.620	
感知收益 1	0.684	
感知收益 2	0.651	0.754
感知收益 3	0.678	
感知网络渠道风险 1	0.450	
感知网络渠道风险 2	0.460	0.665
感知网络渠道风险 3	0.739	
感知时间成本 1	0.636	
感知时间成本 2	0.534	0.652
感知时间成本 3	0.492	
感知传统渠道风险 1	0.373	
感知传统渠道风险 2	0.312	0.670
感知传统渠道风险 3	0.663	

变量名称	Cronbach's α（如果项目已删除）	Cronbach's α
行为态度 1	0.711	
行为态度 2	0.770	0.802
行为态度 3	0.706	
网络回收意向 1		
网络回收意向 2		0.844
传统回收意向 1		
传统回收意向 2		0.840
总量表		0.810

由表 5.5 可知，感知易用性、感知有用性、主观规范、知觉行为控制、感知传统渠道风险、感知网络渠道风险、感知传统渠道时间成本、行为态度、网络回收意向、传统回收意向等分量表的信度均在 0.65 以上，整体量表的信度为 0.810，因此可认为该调查问卷量表可信度较高。

5.4.3 量表效度检验

问卷的效度是指所使用的问卷能在多大程度上精确地测量所需内容。本研究为 AMOS 结构方程模型，故对内容效度、结构效度、拟合优度、聚敛效度和区分效度等方面加以检验。

5.4.3.1　内容效度

内容效度用于检验问卷的测量题项是否把想要研究的内容均反映出来。本研究问卷中各变量的题项均来源于对相关文献、理论的分析，在相关学者验证过的有效量表基础上加以修改而成，因此问卷的内容效度符合要求。

5.4.3.2　结构效度

结构效度是指问卷能在多大程度上测出本研究所要测量的某种理论或概念，即问卷的实际测量分数能在多大程度上说明和证实假设的理论。结构效度良好的标准为：①首先通过 KMO 值和 Bartlett 球形检验卡方值来验证该数据是否适合进行因子分析。Kaiser 认为 KMO 的值大于 0.6 时，就适合进行因子分析，且值越接近 1 就越适合进行因子分析；进行 Bartlett 球形检验时，当显著性水平不高于 0.05 时，就认为可以进行因子分析。②各变量测量题项的因子载荷在 0.5 以上。满足以上两种条件时则可认为问卷测量的结构效度良好。

通过因子分析，总量表的 KMO 值、Bartlett 检验卡方值、Sig. 值的结果如表 5.6 所示。

如表 5.6 所示，量表的 KMO 值为 0.880，接近于

0.9；Bartlett 检验卡方值的显著性 p 值为 0.000，达到了极其显著的水平。以上检验表明，问卷数据适合进行因子分析，量表的结构效度较好。

表 5.6 KMO 和 Bartlett 检验项目

项目	数值
KMO 值	0.880
自由度	528.000
近似卡方值	8191.100
显著性 p 值	0.000

本研究通过主成分分析法，进行因子抽取，首先进行尝试性分析，选择特征根大于 1 的 7 个因子进行提取，碎石图如图 5.2 所示。

表 5.7 是因子分析初始解，第二列是因子分析初始解下变量的共同度，共同度为 1，表示原有变量的所有方差均可被解释。第三列是在按特征根大于 1 的条件下提取的因子变量的共同度。可以看到，$X23$、$X71$、$X72$、$X73$、$X91$ 五个变量的共同度均在 0.5 以下，信息丢失 60%左右，$X71$ 的信息损失程度甚至达到 73%，以上结果表明本次因子提取并不理想。

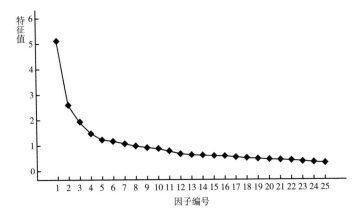

图 5.2　碎石图

表 5.7　因子分析初始解

变量	起始	抽取
$X11$	1.000	0.694
$X12$	1.000	0.642
$X13$	1.000	0.567
$X21$	1.000	0.615
$X22$	1.000	0.530
$X23$	1.000	0.498
$X31$	1.000	0.715
$X32$	1.000	0.732
$X41$	1.000	0.594
$X42$	1.000	0.593
$X43$	1.000	0.623

变量	起始	抽取
$X51$	1.000	0.559
$X52$	1.000	0.640
$X53$	1.000	0.554
$X61$	1.000	0.539
$X62$	1.000	0.604
$X63$	1.000	0.633
$X71$	1.000	0.269
$X72$	1.000	0.321
$X73$	1.000	0.448
$X81$	1.000	0.546
$X82$	1.000	0.537
$X83$	1.000	0.627
$X91$	1.000	0.462
$X92$	1.000	0.592
$X93$	1.000	0.650

注：提取方法为主成分分析法。

为此，重新提取 9 个因子，此时所有变量的共同度均较高，各个变量的信息丢失较少，因此本次因子提取总体效果较为理想，具体结果见表 5.8。

表 5.8　公因子方差

变量	起始	抽取
$X11$	1.000	0.738
$X12$	1.000	0.709
$X13$	1.000	0.591
$X21$	1.000	0.723
$X22$	1.000	0.655
$X23$	1.000	0.618
$X31$	1.000	0.745
$X32$	1.000	0.796
$X41$	1.000	0.629
$X42$	1.000	0.648
$X43$	1.000	0.673
$X51$	1.000	0.666
$X52$	1.000	0.751
$X53$	1.000	0.763
$X61$	1.000	0.730
$X62$	1.000	0.690
$X63$	1.000	0.715
$X71$	1.000	0.582
$X72$	1.000	0.646
$X73$	1.000	0.645
$X81$	1.000	0.689
$X82$	1.000	0.798

续表

变量	起始	抽取
$X83$	1.000	0.738
$X91$	1.000	0.694
$X92$	1.000	0.729
$X93$	1.000	0.568

注：提取方法为主成分分析法。

本次因子提取中，累计方差贡献率为 69.439%，大于 50%。利用最大方差法对因子载荷矩阵进行正交旋转，得到旋转后的消费者回收渠道选择影响因素量表的因子载荷矩阵，如表 5.9 所示。

由因子载荷矩阵可知，各题项的因子载荷均在 0.5 以上，说明问卷的结构效度较好。共得到 9 个因子，各因子的命名分别为：因子 1 为感知易用性因子、因子 2 为感知有用性因子、因子 3 为主观规范因子、因子 4 为知觉行为控制因子、因子 5 为感知网络渠道风险因子、因子 6 为感知时间成本因子、因子 7 为感知收益因子、因子 8 为行为态度因子、因子 9 为感知传统渠道风险因子。

表 5.9　因子载荷矩阵

变量	成分								
	1	2	3	4	5	6	7	8	9
$X11$	0.822								
$X12$	0.795								
$X13$	0.665								
$X21$		0.791							
$X22$		0.753							
$X23$		0.730							
$X31$			0.800						
$X32$			0.876						
$X41$				0.740					
$X42$				0.763					
$X43$				0.795					
$X51$					0.732				
$X52$					0.805				
$X53$					0.769				
$X61$						0.821			
$X62$						0.715			
$X63$						0.772			
$X71$							0.711		
$X72$							0.757		
$X73$							0.749		
$X81$								0.720	

变量	成分								
	1	2	3	4	5	6	7	8	9
$X82$								0.698	
$X83$								0.637	
$X91$									0.603
$X92$									0.580
$X93$									0.813

5.4.3.3 拟合优度

在运用结构方程模型对消费者回收渠道选择模型进行实证之前还要对其进行拟合优度检验，验证模型理论基础的合理性，从而为结构方程模型的分析提供依据。评价结构方程模型拟合优度的指标有：卡方与自由度的比值、拟合良好性指数 GFI、调整后的拟合良好性指数 AGFI、近似均方根残差化 RMSEA、比较拟合指数 CFI 等。当结构方程模型非常合理时，这些参数应该满足表 5.10 中的要求。

表 5.10 结构方程模型拟合优度指标要求

拟合优度指标	指标值范围
卡方/自由度	<5 可接受，<3 较好
GFI	>0.8 可接受，>0.9 较好

拟合优度指标	指标值范围
AGFI	>0.8 可接受,>0.9 较好
RMSEA	<0.08 可接受,<0.05 较好
CFI	>0.9 较好

由表 5.10 可知,当卡方与自由度的比值小于 5 时,表明结构方程模型设置较为合理;当比值小于 3 时,表明结构方程模型设置非常合理;但是在样本数较大时,一般为当样本数超过 500 时,卡方与自由度的比值小于 5 就表明模型拟合较好。利用 AMOS 对本研究中的结构方程模型的拟合优度进行检测,结果见表 5.11。

表 5.11　结构方程模型拟合优度结果

指标	卡方	自由度	卡方/自由度	GFI	AGFI	RMSEA	CFI
数值	898.608	307	2.927	0.908	0.886	0.053	0.914

由表 5.11 可得,卡方与自由度的比值为 2.927,GFI 为 0.908,AGFI 为 0.886,RMSEA 为 0.053,CFI 为 0.914,以上指标均达到了模型非常合理或较为合理时参数应该满足的条件。

5.4.3.4　聚敛效度

聚敛效度又称聚合效度、收敛效度，检验本应在同一因子下的测量项是否确实在同一因子下。聚敛效度的检验，要求因子载荷 Estimate 大于 0.5、平均方差提取量 AVE 大于 0.5、组合信度 CR 大于 0.7。从表 5.12 因子载荷中，除 $X13$ 外，其他变量对应的题项因子载荷均等于或大于 0.5；除了感知时间成本外，其他变量的平均方差提取量 AVE 均超过 0.4，且组合信度 CR 接近或超过 0.7，说明聚敛效度比较理想。

表 5.12　结构方程模型因子载荷

变量	路径	潜变量	载荷 Estimate	平均方差提取量 AVE	组合信度 CR
$X91$	←	感知风险	0.78		
$X92$	←	感知风险	0.74	0.44	0.69
$X93$	←	感知风险	0.40		
$X71$	←	感知收益	0.69		
$X72$	←	感知收益	0.78	0.52	0.76
$X73$	←	感知收益	0.68		
$X21$	←	感知有用性	0.76		
$X22$	←	感知有用性	0.66	0.47	0.73
$X23$	←	感知有用性	0.63		

变量	路径	潜变量	载荷 Estimate	平均方差提取量 AVE	组合信度 CR
X11	←	感知易用性	0.76		
X12	←	感知易用性	0.70	0.50	0.74
X13	←	感知易用性	0.62		
X61	←	感知时间成本	0.50		
X62	←	感知时间成本	0.65	0.39	0.65
X63	←	感知时间成本	0.71		
X41	←	知觉行为控制	0.65		
X42	←	知觉行为控制	0.65	0.44	0.70
X43	←	知觉行为控制	0.69		
X31	←	主观规范	0.73	0.56	0.72
X32	←	主观规范	0.77		
X81	←	行为态度	0.70		
X82	←	行为态度	0.63	0.51	0.75
X83	←	行为态度	0.81		
Z11	←	网络回收意向	0.89	0.69	0.82
Z12	←	网络回收意向	0.77		
Z21	←	传统回收意向	0.87	0.71	0.83
Z22	←	传统回收意向	0.81		

5.4.3.5　区分效度

区分效度是结构效度的又一个证据，指的是在采用不同测量方法时，所观测到的数值之间是能够被区分的，该模型区分效度如表5.13所示。

表 5.13　区分效度

变量	感知风险	感知收益	感知有用性	感知易用性	感知时间成本	知觉行为控制	主观规范
感知风险	0.44						
感知收益	0.02***	0.52					
感知有用性	0.02***	0.02***	0.47				
感知易用性	0.03***	0.02***	0.03***	0.48			
感知时间成本	0.02	0.02***	0.03***	0.03***	0.39		
知觉行为控制	0.03***	0.03***	0.03***	0.05***	0.03***	0.44	
主观规范	0.02***	0.02***	0.02***	0.02***	0.02***	0.03***	0.56
AVE 的平方根	0.66	0.72	0.69	0.70	0.63	0.66	0.75

注：*** 表示 $p < 0.001$。

由此可知，各个题项之间，除感知风险和感知时间成本外，其他变量有显著的相关性，相关系数的绝对值小于 0.5，且均小于所对应的 AVE 的平方根，即说明各变量之间具有一定的相关性，且彼此又具有一定的区分度，说明本量表数据的区分效度较为合适。

5.5 "互联网+回收积分制度"下消费者回收渠道选择实证分析

5.5.1 统计分析

5.5.1.1 人口统计特征分析

为了解被调研对象的基本特征，首先通过 SPSS 统计软件，对问卷中的人口统计变量进行分析，详细数据如表 5.14 所示。

表 5.14 人口统计特征分析（N=700）

单位：%

变量	取值	比例
性别	男	47.9
	女	52.1
年龄	20 岁及以下	7.1
	20~30 岁	48.6
	30~40 岁	34.3
	40~50 岁	8.2
	50 岁及以上	1.8
学历	高中及以下	3.4
	专科	14.4
	本科	74.6
	硕士	6.9
	博士及以上	0.6

续表

变量	取值	比例
收入	3000 元及以下	15.0
	3000~5000 元	20.5
	5000~8000 元	32.9
	8000~10000 元	19.7
	10000 元及以上	11.9
职业	学生	14.3
	企业工作人员	65.7
	教学科研人员	7.1
	政府工作人员	4.4
	其他	8.5

本次调研采用线上与线下相结合的方式发放问卷，共计回收问卷 750 份，其中有效问卷 700 份，回收有效率为 93%，男女比例分别为 47.9%和 52.1%，接近于 1∶1，分布较为均衡。

在年龄分布上，约 90%的被调查者为 20~50 岁。而 WEEE 回收的目标人群也主要是青年人和中年人，恰好与此年龄分布相一致，因此该分布比例合理。

在学历分布上，多数被调查对象为专科及本科学历，符合当下我国居民的受教育总体情况。

在职业分布上，多数为企业工作人员；在平均月收入分布上，73.1%的被调查者的收入为 3000~10000 元，该比例和职业分布基本匹配，也符合目前我国的总体收入情况。

5.5.1.2　消费者特征分析

由表 5.15 可知，使用网络渠道进行消费的年数为 6~10 年的消费者最多，有 326 人，占比 46.6%，年数为 10 年以上的消费者有 109 人，占比 15.6%，年数为 1~3 年和 4~5 年的消费者分别为 60 人和 203 人，占比分别为 8.6% 和 29%，表明多数消费者对网络消费渠道较为熟悉。

表 5.15　消费者使用网络消费的年数统计（N=700）

单位：人，%

指标	频数	百分比	有效占比	累计占比
从未使用过	2	0.3	0.3	0.3
1~3 年	60	8.6	8.6	8.9
4~5 年	203	29.0	29.0	37.9
6~10 年	326	46.6	46.6	84.4
10 年以上	109	15.6	15.6	100.0
总计	700	100.0	100.0	100.0

由表 5.16 可知，在被调研的 700 人中，有 525 人平时经常使用网络渠道进行消费，占比 75%，这表明网络消费渠道在人们的日常生活中占有很重要的位置。

表 5.16　消费者购物渠道统计 （N=700）

单位：人，%

指标	频数	百分比	有效占比	累计占比
网络渠道（如天猫、京东等）	525	75.0	75.0	75.0
实体店	29	4.1	4.1	79.1
以上两种方式无差别	146	20.9	20.9	100.0
总计	700	100.0	100.0	100.0

由表 5.17 消费者获取新闻渠道统计可知，在被调研的 700 人中，有 648 人表示通过微信、微博、朋友圈等获取新闻，610 人表示通过网页浏览来获取新闻，这也充分证明了网络在人们日常生活中举足轻重的地位。

表 5.17　消费者获取新闻渠道的数量统计 （N=700）

单位：人，%

指示	频数	百分比	有效占比	累计占比
电视	336	48.0	48.0	48.0
微信、微博、朋友圈	648	92.6	92.6	92.6
网页浏览	610	87.1	87.1	87.1
报纸杂志	107	15.3	15.3	15.3

5.5.1.3　单变量描述性分析

为了解各变量的得分情况，对其进行简单的描述性分析，结果如表 5.18 所示。变量 $X1$、$X2$、$X3$、$X4$、$X7$、$X8$、$Z1$、$Z2$ 的均值越接近于 5，代表被调查者对该观点持有的态度越积极，变量 $X5$、$X9$ 的均值越接近于 5，代表被调查者对该渠道的风险感知越强烈。被调查者的感知网络渠道风险 $X5$ 的均值为 3.3990，而感知传统渠道风险 $X9$ 的均值为 3.2133，表明对网络渠道的风险感知略强于传统渠道。但是在感知易用性、感知有用性、感知收益、感知时间成本等方面，相比于传统渠道，被调查者对网络渠道持有的态度更积极。

表 5.18 各变量描述性统计分析

变量名称	均值	标准偏差	个案数（个）	最小值	最大值
感知易用性（$X1$）	4.2371	0.61323	700	1.33	5.00
感知有用性（$X2$）	4.0819	0.74266	700	1.33	5.00
主观规范（$X3$）	4.1007	0.65855	700	1.50	5.00
知觉行为控制（$X4$）	4.3752	0.43583	700	1.33	5.00
感知网络渠道风险（$X5$）	3.3990	0.90432	700	1.00	5.00
感知时间成本（$X6$）	3.8143	0.79526	700	1.33	5.00

变量名称	均值	标准偏差	个案数（个）	最小值	最大值
感知收益（X7）	3.8286	0.66962	700	1.50	5.00
行为态度（X8）	4.1362	0.55462	700	2.00	5.00
感知传统渠道风险（X9）	3.2133	0.90032	700	1.00	5.00
网络回收意向（Z1）	4.0907	0.82086	700	1.00	5.00
传统回收意向（Z2）	2.3279	0.79789	700	1.00	5.00

5.5.2 实证检验

以上信度分析及结构方程模型拟合优度等一系列效度检验结果表明，结构方程模型较为合理，可利用 AMOS 对结构方程模型进行拟合，拟合后的参数值及路径关系如图5.3 和表 5.19 所示。

由表 5.19 的结果可知，在显著性水平 p 值小于 0.001时，假设 2、假设 3、假设 4、假设 5、假设 8、假设 10、假设 11、假设 12、假设 13、假设 14 得到支持，即感知网络回收渠道有用性能够正向影响网络回收态度、感知网络

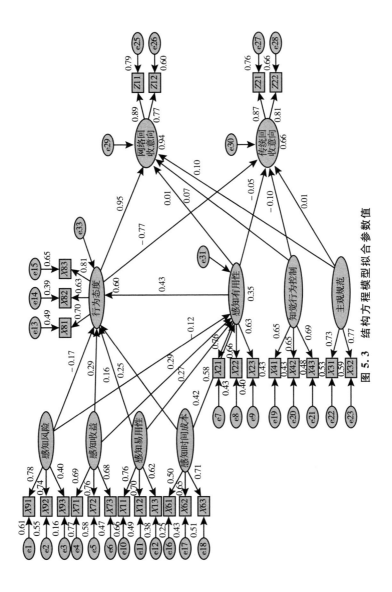

图 5.3 结构方程模型拟合参数值

表 5.19　变量路径关系

假设路径	关系	标准化路径系数	T 值	P 值	结果
假设 1： 感知有用性→网络意向	+	0.013	0.219	0.826	不支持
假设 2： 感知有用性→态度	+	0.426	6.654	***	支持
假设 3： 感知易用性→态度	+	0.158	3.771	***	支持
假设 4： 感知易用性→感知有用性	+	0.274	5.321	***	支持
假设 5： 态度→网络意向	+	0.950	13.580	***	支持
假设 6： 主观规范→网络意向	+	0.100	2.567	**	支持
假设 7： 知觉行为控制→网络意向	+	0.072	2.082	*	支持
假设 8： 感知风险→态度	−	−0.172	−4.278	***	支持
假设 9： 感知风险→感知有用性	−	−0.123	−2.547	*	支持
假设 10： 感知收益→态度	+	0.293	6.491	***	支持
假设 11： 感知收益→感知有用性	+	0.290	5.510	***	支持
假设 12： 感知时间成本→态度	+	0.253	4.939	***	支持
假设 13： 感知时间成本→感知有用性	+	0.418	7.164	***	支持

续表

假设路径	关系	标准化路径系数	T 值	P 值	结果
假设 14：态度→传统意向	－	−0.775	−10.872	***	支持
假设 15：知觉行为控制→传统意向	－	−0.100	−2.371	*	支持
假设 16：主观规范→传统意向	－	−0.013	0.306	0.760	不支持
假设 17：感知有用性→传统意向	－	−0.045	−0.676	0.497	不支持

　　注：*** 表示 p<0.001，** 表示 p<0.01，* 表示 p<0.05。

回收渠道易用性能够正向影响网络回收态度、感知网络回收渠道易用性能够正向影响感知网络回收渠道有用性、感知网络回收态度能够正向影响网络回收意向、感知风险负向影响网络回收态度、感知收益能够正向影响网络回收态度和感知网络回收渠道有用性、感知传统回收时间成本能够正向影响网络回收态度和感知网络回收渠道有用性、网络回收渠道态度对传统回收意向有显著的负向影响。当显著性水平小于 0.01 时，除了上述假设得到支持外，假设 6 也得到支持，即网络回收主观规范能够正向影响网络回收意向。当显著性水平小于 0.05 时，除以上假设均得到支持之外，假设7、假设9、假设15也得到了支持，即网络回收知觉行为控制能够正向影响网络回收意向、感知风险负向影响感知网络回收渠道有用性、知觉行为控制负向影响传统回收意向。此外，还可以看到，假设1、假设16、假设17的显著性水平的 p 值超过 0.05，因此假设1、假设16、假设17没有通过检验，即在消费者进行回收渠道选择时，感知网络回收渠道有用性不能够直接正向影响网络回收意向，同时主观规范和感知有用性也不能直接负向影响传统回收意向，需通过中介变量网络回收行为态度来间接对回收意向产生影响。

根据检验结果，大部分假设得到验证，为此，将图5.3重新绘制，支持假设的连线保留，0.1%显著水平、1%显著水平、5%显著水平以不同颜色的线标出，同时附上正负号表示正向还是反向的统计关系，具体如图5.4所示。网络回收的感知风险、感知收益、感知易用性、感知时间成本均对网络回收行为态度和网络回收感知有用性产生影响，网络回收主观规范对网络回收意向产生较显著的正向影响。H1、H16、H17没有通过检验，即感知网络回收渠道有用性不能够直接影响网络回收意向，同时主观规范和感知有用性也不能直接负向影响传统回收意向，但可以通过中介变量网络回收行为态度来间接对回收意向产生影响。

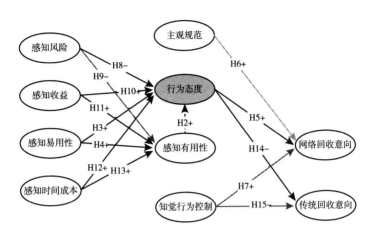

图 5.4　验证后的消费者渠道选择影响因素模型

以上部分利用结构方程模型验证了影响消费者渠道
选择的促进和阻碍因素，下文将通过 SPSS 的配对样本
T 检验方法对消费者对两种渠道的部分感知因素是否存
在显著性差异进行验证，包括消费者对两种回收渠道的
偏好程度是否存在差异，消费者对两种回收渠道的信任
程度是否存在差异，消费者对两种回收渠道的感知平台
风险（指平台泄露个人信息资料等风险）、感知隐私风
险（指处理商不能专业处理如电脑、手机等带有信息
的 WEEE，造成隐私泄露风险）、感知收益风险（指回
收价格不合理的风险）是否存在显著差异，具体结果
见表 5.20。

表 5.20　消费者感知差异的配对样本 T 检验结果

项目	T 值	自由度	显著性
信任程度	4.682	1398	0.000
偏好程度	29.453	1392	0.000
平台风险	7.734	1385	0.000
隐私风险	3.461	1398	0.001
收益风险	-3.127	1398	0.002

根据表 5.20 可知，两种回收渠道消费者的信任程度、偏好程度以及（感知）平台风险、隐私风险、收益风险均值存在显著差异，即消费者对两种回收渠道的信任程度、偏好程度、泄露个人信息的担心程度、因终端的处理商不专业而隐私泄露的担心程度存在显著差异，同时，消费者对两种回收渠道的价格合理性的担心程度也存在显著差异，具体见表 5.21 和图 5.5。

表 5.21　分组统计量

检验项目	渠道类型	N	平均数	标准偏差	均值的标准误
信任程度	网络渠道	700	3.63	0.758	0.029
	传统渠道	700	3.44	0.760	0.029
偏好程度	网络渠道	700	4.19	0.718	0.027
	传统渠道	700	3.09	0.671	0.025

续表

检验项目	渠道类型	N	平均数	标准偏差	均值的标准误
平台风险	网络渠道	700	3.49	1.186	0.045
	传统渠道	700	2.98	1.306	0.049
隐私风险	网络渠道	700	3.76	1.219	0.046
	传统渠道	700	3.53	1.236	0.047
收益风险	网络渠道	700	2.95	1.097	0.041
	传统渠道	700	3.13	1.125	0.043

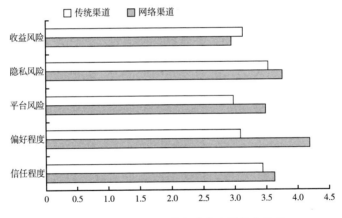

图 5.5　传统渠道和网络渠道各变量均值比较

　　由图 5.5 可以看出消费者对网络回收渠道的价格合理性担心程度低于传统回收渠道，对网络回收渠道泄露个人信息的担心程度高于传统回收渠道，对网络平台的风险感知强于传统回收渠道，对网络回收渠道的偏好程度高于传统回收渠道，对网络回收渠道的信任程度高于传统回收渠道。

综上，相较于传统回收渠道，消费者对网络回收渠道隐私泄露的担心程度较高，但同时消费者对网络回收的认可、接受程度也较高，其原因可能是与传统回收渠道相比，消费者对网络回收渠道的感知有用性更高、感知时间成本更低。以上结果表明，在 WEEE 回收领域，可通过提升 WEEE 回收渠道的回收效率，调动广大消费者参与 WEEE 回收的积极性，进而提高回收量。

5.5.3 结果分析

通过对消费者回收渠道选择行为模型进行实证分析，得出以下结论。

总体来看，相较于传统回收意向，网络回收意向影响因素更多且作用更明显，从主观规范角度，如消费者感知到的周围环境对网络回收意向会产生一定影响。尤其是随着直播等网络购物频道的出现，通过网络宣传网络回收相关知识等会慢慢影响消费者的回收习惯和回收认知，从而对网络回收产生积极的促进作用。

网络回收行为态度成为影响网络、传统回收意向的重要因素，同时也发挥着强有力的中间节点作用。从图 5.4 可以看出，感知风险、感知收益、感知易用性等指标对网络回收行为态度会产生直接影响，还通过网络回收感知有用性对其产生间接影响。从影响程度来看①，最为重要的因素为感知时间成本，其次是感知有用性和感知收益，最后是感知易用性和感知风险。这与研究消费者选择手机购买渠道的文献②结论，即感知易用性比感知有用性更容易影响消费者对渠道的态度不一致，其主要原因是回收行为与购买行为的特点不同，手机购买使用是持续性行为，而 WEEE 回收多为一次性行为，消费者对易用性并不十分敏感，且使用网络回收渠道的用户占比较大，消费者网络消费变得越来越普遍，网络回收渠道的感知易用性影响程度相较于有用性来说较低，而消费者最为看重的是时间成本，这成为影响回收的最重要因素。

网络回收感知有用性成为继网络回收行为态度之后另一个重要的影响因素，受到感知易用性、感知收益、感知风险、感知时间成本的直接影响，其中感知时间成本对感

---

① 根据结构方程模型，可以计算出对网络回收行为态度的影响系数大小，其中感知时间成本为 0.431，感知有用性为 0.426，感知收益为 0.417，感知易用性为 0.275，感知风险为 −0.225。

② 刘瑶：《网络经济下消费者多渠道选择的影响因素实证研究》，对外经贸大学学位论文，2016。

知有用性的直接影响程度最高，感知收益和感知易用性次之，而感知风险的直接影响程度最低。这说明消费者在使用网络渠道时，便利、快捷是其考察有用性的重要方面。

在直接和间接影响下，对网络回收意向的影响程度从大到小依次为行为态度、感知有用性、感知时间成本、感知收益、感知易用性、感知风险、主观规范、知觉行为控制。其中，消费者的网络回收行为态度、主观规范、知觉行为控制对网络回收意向有直接的正向影响，而感知时间成本、感知风险、感知易用性、感知收益则是通过中介变量网络回收行为态度间接影响消费者的网络回收意向。同时，尽管感知有用性对网络回收意向没有直接的影响，但是其可以通过中介变量行为态度对网络回收意向产生间接的影响。

在影响传统回收意向的诸多因素中，按影响程度从大到小依次为行为态度、感知有用性、感知时间成本、感知收益、感知易用性、感知风险、知觉行为控制。在影响消费者传统回收意向的因素中，消费者对待网络回收的行为态度和知觉行为控制有显著的直接的负向作用，同时，感知易用性、感知收益、感知时间成本也可以通过中介变量行为态度和感知有用性对传统回收意向产生间接的负向影响，而网络渠道的感知风险会对传统回收意向产生间接的正向影响。此外，感知有用性对传统回收意向的直接影响虽然没有通过检验，但是其可以通过中介变量行为态度对传统回收意向产生间接的影响。其中网络回收主观规范对传统回收意向的假设没有通过验证，则说明即便对网络回收的认同、支持等也不一定对传统回收造成负向影响，因此网络回收和传统回收并非完全对立，而是相辅相成。

5.6　小结

本章根据计划行为理论（TPB）、技术接受理论（TAM），以及信任、风险、收益等相关理论，建立了双回收渠道背景下消费者回收渠道选择行为理论模型，依据相关理论研究针对该模型做出了假设，确定了调研方法、调研对象等核心要素，并在线下和问卷星平台上对问卷进行了发放与收集。共计发放问卷 1000 份，回收 750 份，有效问卷 700 份，问卷有效率达 93%。利用 SPSS 进行信度和效度的检验，利用 AMOS 构建结构方程模型，对本研究中的相关假设进行检验，同时通过 SPSS 判定消费者对两种渠道的信任程度、偏好程度、感知风险等是否存在显著差异性。

第6章 基于积分制度的绿色闭环供应链模型研究

6.1 模型描述

6.1.1 模型框架

本研究构建由单一制造商、单一零售商、单一第三方回收商组成的绿色闭环供应链系统，其绿色主要体现在制造商生产具有一定绿色度的绿色产品（绿色制造）、零售商考虑到消费者对环保产品偏好程度开展绿色营销、第三方回收商进行专业正规回收（绿色回收），模型框架如图 6.1 所示。在正向供应链中，制造商按一定的价格 w 将产品批发给零售商，零售商再按一定的价格 p 将产品售卖给消费者。在逆向供应链中，第三方回收商按一定的价格 p_r 回收消费者的 WEEE。而后，制造商以一定的价格 p_t 从第三方回收商处回购已回收的 WEEE，并对收回的

WEEE 进行生产再制造。在积分制度下，消费者将 WEEE 交投给第三方回收商时，由第三方回收商承担积分奖励的费用。第三方回收商除了按回收价格支付一定费用外，还会给予消费者一定的积分奖励。为了便于计算，将积分价值化，在模型中用积分价值率 f 来描述积分的经济价值。

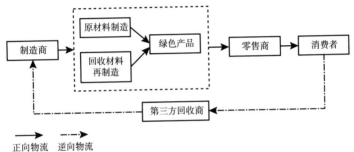

正向物流　逆向物流

图 6.1　第三方回收的绿色闭环供应链模型

本部分主要通过对比有无积分制度两种情景下的绿色闭环供应链模型，分析积分制度对回收量、各成员决策及利润的影响。

6.1.2　参数说明与模型假设

对本章模型涉及参数说明如下。

c_m，表示制造商生产新产品的单位生产成本。

c_r，表示制造商生产再制造产品的单位生产成本。

p_t，表示制造商支付给第三方回收商的单位回购价格。

p_r，表示第三方回收商支付给消费者的单位回收价格。

w，表示制造商给零售商的批发价格。

λ，表示再制造率，即再制造产品的数量与回收数量的比例。

s，表示回收量函数。

q，表示消费者需求函数。

p，表示绿色产品的零售价。

f，表示积分制度下，一定数量的积分产生的经济价值，对应的比例为积分价值率。

g，表示产品的绿色度。

μ，表示制造商处理不可再制造产品的成本系数，进行无公害处理的研发成本。

π_I，表示利润函数，I 表示相应的参与主体，$I = M$、R、$3R$ 时，分别表示制造商、零售商、第三方回收商。

为区分有无积分制度两种情景，带有上角标的变量均为积分制度下的相应变量。

为了方便介绍模型，模型假设如下。

假设 1：产品的绿色度能够影响电子废弃物的再制造率，产品绿色度越高，回收的电子废弃物的再制造率越高，即 $\lambda = hg$。

假设 2：Δ 表示相比使用原材料生产单位新产品，制造商使用电子废弃物再生产单位新产品所节约的成本，即 $\Delta = c_m - c_r$。

假设3：fp_r 代表回收积分的经济价值。

假设4：各成员信息完全对称，且均追求自身利润最大化。

假设5：在绿色闭环供应链中，制造商处于主导地位，零售商以及第三方回收商根据制造商的决策作出各自的决策。

假设6：制造商生产带有绿色度（即环保水平）的产品并对不能再制造的产品进行无公害处理，需要额外支付一定的研发成本。若该部分成本与研发投入呈二次方的关系，则制造商生产绿色产品的研发处理成本为 μg^2（$\mu > 0$），其中 μ 为研发处理成本影响因子。

6.1.3 消费者需求函数及回收量函数

Debabrata Ghosh 等[1]将消费者需求函数表示为：

$$q = a - bp + kg \tag{6.1}$$

其中，a、b、k 为常量且大于零。a 表示潜在的市场

---

① Debabrata Ghosh, Janat Shah, "A Comparative Analysis of Greening Policies Across Supply Chain Structures," *International Production Economics*, 2012 (135)：568-583.

容量；b 表示消费者对产品零售价格的敏感度；k 表示消费者对产品绿色度的敏感程度。当绿色产品的价格上涨时绿色产品需求减少。当产品的绿色度增加时绿色产品需求增加。

引入积分制度后，由于积分可以兑换商品和服务等，实质上并没有降低消费者对零售价格的敏感度，但是可以通过积分制度调动消费者参与回收的积极性，变相地增加消费者对绿色度的敏感程度。因此，消费者的需求函数变为：

$$q' = a - bp + (k + \delta)g \qquad (6.2)$$

综合相关文献，多数学者[①]应用的回收量函数表示为：

$$s = s_0 + \beta p_r \qquad (6.3)$$

其中，p_r 表示回收商向消费者支付的回收价格，β 表示消费者对回收价格的敏感程度，s_0 表示零售商支付给消费者的单位回收价格是 0 时，消费者自愿交投的 WEEE 数量。积分制度能够通过增强消费者的回收意愿来影响回

---

① Mukhopadhyay Samar K., Setoputro Robert, "Optimal Return Policy and Modular Design for Build-to-order Products," *Journal of Operations Management*, 2005, 23 (5): 496-506.

收量函数，因此在本研究中用 α 表示积分制度的激励效果，回收量函数表示为：

$$s' = s_0 + (\beta + \alpha)p_r \qquad (6.4)$$

6.2 基于积分制度的绿色闭环供应链模型分析

6.2.1 无积分制度情境下绿色闭环供应链模型

在绿色闭环供应链中，当 WEEE 由第三方回收商负责回收时，制造商、零售商和第三方回收商的决策顺序如下：首先，制造商决定产品的绿色度 g，从而确定同质的新产品和再制造产品的批发价格 w 以及回收价格 p_t；其次，零售商根据制造商的决策确定销售价格 p；最后，第三方回收商确定 WEEE 的回收价格 p_r。三方构成以制造商为主、零售商为次主、第三方回收商是从的 Stackelberg 博弈关系。此时，决策问题可表示为如下三个优化问题。

制造商优化问题：

$$\text{Max}\pi_M = (w - c_m)q + (hg\Delta - p_t)s - \mu g^2 \qquad (6.5)$$

零售商优化问题：

$$\text{Max}\boldsymbol{\pi}_R = (p - w)q \tag{6.6}$$

第三方回收商优化问题：

$$\text{Max}\boldsymbol{\pi}_{3R} = (p_t - p_r)s \tag{6.7}$$

采用逆向归纳法，首先，零售商和第三方回收商根据制造商给出的批发价格分别决定最优销售价格和回收价格。

$$p = \frac{a + kg + wb}{2b} \tag{6.8}$$

$$p_r = \frac{\beta p_t - s_0}{2\beta}(\beta p_t > s_0) \tag{6.9}$$

其次，制造商决定绿色产品的绿色度 g、批发价格 w 和 WEEE 的回收价格 p_t。式（6.5）关于 w、g 和 p_t 的 Hessian 矩阵为：

$$H = \begin{pmatrix} -b & k/2 & 0 \\ k/2 & -2\mu & h\Delta\beta/2 \\ 0 & h\Delta\beta/2 & -\beta \end{pmatrix}$$

当 $bh^2\Delta^2\beta + k^2 - 8\mu b < 0$ 时，H 关于 w、g 和 p_t 是联合凹函数，因此，将式（6.5）分别对 g、w 和 p_t 求一阶导数，得到最优的产品绿色度、最优的批发价格和最优的回收价格：

$$g = \frac{k(a - bc_m) + bh\Delta s_0}{8\mu b - k^2 - bh^2\Delta^2\beta} \tag{6.10}$$

$$w = \frac{(a + bc_m)(8\mu b - bh^2\Delta^2\beta) - 2bc_m k^2 + kbh\Delta s_0}{2b(8\mu b - k^2 - bh^2\Delta^2\beta)} \tag{6.11}$$

$$p_t = \frac{kh\beta\Delta(a - bc_m) + s_0 k^2 - 8\mu bs_0 + 2bh^2\Delta^2\beta s_0}{2\beta(8\mu b - k^2 - bh^2\Delta^2\beta)} \tag{6.12}$$

将式（6.10）、式（6.11）和式（6.12）分别代入式（6.8）和式（6.9）中，得到最优零售价和最优回收价格，分别为：

$$p = \frac{(3a + bc_m)(8\mu b - bh^2\Delta^2\beta) - 4bc_m k^2 + 3kbh\Delta s_0}{4b(8\mu b - k^2 - bh^2\Delta^2\beta)}$$

$$p_r = \frac{kh\beta\Delta(a - bc_m) + 4s_0 b\beta h^2\Delta^2 + 3s_0 k^2 - 24\mu bs_0}{4\beta(8\mu b - k^2 - bh^2\Delta^2\beta)}$$

$$\tag{6.13}$$

将上述结果分别代入式（6.5）、式（6.6）和式（6.7）中，可得到制造商的最优利润为：

$$\begin{aligned}
\pi_M = & \frac{[kh\beta\Delta(a - bc_m) - s_0 k^2 + 8\mu bs_0]^2}{8\beta(8\mu b - k^2 - bh^2\Delta^2\beta)^2} \\
& + \frac{[(a - bc_m)(8\mu b - bh^2\Delta^2\beta) + kbh\Delta s_0]^2}{8b(8\mu b - k^2 - bh^2\Delta^2\beta)^2} \\
& - \frac{\mu[k(a - bc_m) + kbh\Delta s_0]^2}{(8\mu b - k^2 - bh^2\Delta^2\beta)^2} \tag{6.14}
\end{aligned}$$

零售商的最优利润为：

$$\pi_R = \frac{[(a - bc_m)(8\mu b - b\beta h^2 \Delta^2) + kbh\Delta s_0]^2}{16b(8\mu b - k^2 - bh^2\Delta^2\beta)^2}$$

$$(6.15)$$

第三方回收商的最优利润为：

$$\pi_{3R} = \frac{[kh\beta\Delta(a - bc_m) - s_0 k^2 + 8\mu b s_0]^2}{16\beta(8\mu b - k^2 - bh^2\Delta^2\beta)^2} \qquad (6.16)$$

最优需求量为：

$$q = \frac{(a - bc_m)(8\mu b - b\beta h^2 \Delta^2) + kbh\Delta s_0}{4(8\mu b - k^2 - bh^2\Delta^2\beta)} \qquad (6.17)$$

最优回收量为：

$$s = \frac{kh\beta\Delta(a - bc_m) - s_0 k^2 + 8\mu b s_0}{4(8\mu b - k^2 - bh^2\Delta^2\beta)} \qquad (6.18)$$

6.2.2 有积分制度情境下绿色闭环供应链模型

积分制度下，决策问题可表示为如下三个优化问题。

制造商优化问题：

$$\text{Max}\pi'_M = (w' - c_m)q' + (hg\Delta - p'_t)s' - \mu g^2 \qquad (6.19)$$

零售商优化问题：

$$\mathrm{Max}\pi'_R = (p' - w)q' \qquad (6.20)$$

第三方回收商优化问题：

$$\mathrm{Max}\pi'_{3R} = (p'_t - p'_r - fp'_r)s' \qquad (6.21)$$

采用逆向归纳法，首先，零售商和第三方回收商根据制造商的批发价格分别确定最优销售价格和回收价格。

$$p' = \frac{a + (k + \delta)g + bw'}{2b} \qquad (6.22)$$

$$p'_r = \frac{p'_t}{2(1 + f)} - \frac{s_0}{2(\beta + \alpha)} \qquad (6.23)$$

其次，制造商确定绿色产品的绿色度 g、批发价格 w' 和 WEEE 的回收价格 p'_t。式（6.19）关于 w'、g' 和 p'_t 的 Hessian 矩阵为：

$$H = \begin{pmatrix} -b & \dfrac{(k+\delta)}{2} & 0 \\ \dfrac{(k+\delta)}{2} & -2\mu & \dfrac{h\Delta(\beta+\alpha)}{2} \\ 0 & \dfrac{h\Delta(\beta+\alpha)}{2} & -(\beta+\alpha) \end{pmatrix}$$

当 $bh^2\Delta^2(\beta+\alpha) + (k+\delta)^2 - 8b\mu < 0$ 时，H 关于 w'、g'

和 p_t' 是联合凹函数，因此，依据式（6.19）分别求 g'、w' 和 p_t' 的一阶导数，得到最优的产品绿色度、最优的批发价格和最优的回收价格，分别为：

$$g' = \frac{(k + \delta)(a - bc_m) + bh\Delta s_0}{8\mu b - (k + \delta)^2 - bh^2\Delta^2(\beta + \alpha)} \qquad (6.24)$$

$$w' = \frac{(a + bc_m)[8\mu b - bh^2\Delta^2(\beta + \alpha)] - 2bc_m(k + \delta)^2 + (k + \delta)bh\Delta s_0}{2b[8\mu b - (k + \delta)^2 - bh^2\Delta^2(\beta + \alpha)]} \qquad (6.25)$$

$$p_t' = \frac{(k + \delta)h(\beta + \alpha)\Delta(a - bc_m) + s_0(k + \delta)^2 - 8\mu bs_0 + 2bh^2\Delta^2(\beta + \alpha)s_0}{2(\beta + \alpha)[8\mu b - (k + \delta)^2 - bh^2\Delta^2(\beta + \alpha)]} \qquad (6.26)$$

将式（6.24）、式（6.25）和式（6.26）分别代入式（6.22）和式（6.23）中，得到最优的零售价格和最优的回收价格，分别为：

$$p' = \frac{(3a + bc_m)[8\mu b - bh^2\Delta^2(\beta + \alpha)] - 4bc_m(k + \delta)^2 + 3(k + \delta)bh\Delta s_0}{4b[8\mu b - (k + \delta)^2 - bh^2\Delta^2(\beta + \alpha)]} \qquad (6.27)$$

$$p_r' = \frac{\begin{array}{c}(k+\delta)h(\beta+\alpha)\Delta(a-bc_m)+s_0(k+\delta)^2-8\mu bs_0\\ +2s_0b(\beta+\alpha)h^2\Delta^2\end{array}}{4(\beta+\alpha)(1+f)[8\mu b-(k+\delta)^2-bh^2\Delta^2(\beta+\alpha)]}$$
$$-\frac{s_0}{2(\beta+\alpha)}$$

$$(6.28)$$

将上述结果分别代入式（6.19）、式（6.20）和式（6.21）中，可得到制造商的最优利润为：

$$\pi_M' = \frac{(a-bc_m)[8\mu-h^2\Delta^2(\beta+\alpha)]+(k+\delta)h\Delta s_0}{8[8\mu b-(k+\delta)^2-bh^2\Delta^2(\beta+\alpha)]^2}$$
$$+\frac{[(k+\delta)h(\beta+\alpha)\Delta(a-bc_m)-s_0(k+\delta)^2+8\mu bs_0]}{8(1+f)(\beta+\alpha)[8\mu b-(k+\delta)^2-bh^2\Delta^2(\beta+\alpha)]^2}$$
$$\times[(k+\delta)h(\beta+\alpha)\Delta(a-bc_m)-(1+2f)s_0(k+\delta)^2$$
$$+(1+2f)8\mu bs_0-2fs_0bh^2\Delta^2(\beta+\alpha)]$$
$$-\frac{\mu[(k+\delta)(a-bc_m)+hb\Delta s_0]^2}{[8\mu b-(k+\delta)^2-bh^2\Delta^2(\beta+\alpha)]^2}$$

$$(6.29)$$

零售商的最优利润为：

$$\pi_R' = \frac{\{(a-bc_m)[8\mu b-bh^2\Delta^2(\beta+\alpha)]+(k+\delta)bh\Delta s_0\}^2}{16b[8\mu b-(k+\delta)^2-bh^2\Delta^2(\beta+\alpha)]^2}$$

$$(6.30)$$

第三方回收商的最优利润为：

$$\pi_{3R}' = \frac{\left\{ (k+\delta)h(\beta+\alpha)\Delta(a-bc_m) + (1+2f)s_0 \left[8\mu b - (k+\delta)^2 - bh^2\Delta^2(\beta+\alpha) \right] + b(\beta+\alpha)h^2\Delta^2 s_0 \right\}^2}{16(1+f)(\beta+\alpha)\left[8\mu b - (k+\delta)^2 - bh^2\Delta^2(\beta+\alpha) \right]^2}$$

(6.31)

最优需求量为：

$$q' = \frac{(a-bc_m)\left[8\mu b - b(\beta+\alpha)h^2\Delta^2 \right] + (k+\delta)bh\Delta s_0}{4\left[8\mu b - (k+\delta)^2 - bh^2\Delta^2(\beta+\alpha) \right]}$$

(6.32)

最优回收量为：

$$s' = \frac{\begin{array}{c}(k+\delta)h(\beta+\alpha)\Delta(a-bc_m) + 2h^2\Delta^2 bs_0(\beta+\alpha) \\ + s_0(k+\delta)^2 - 8\mu bs_0\end{array}}{4(1+f)\left[8\mu b - (k+\delta)^2 - bh^2\Delta^2(\beta+\alpha) \right]} + \frac{s_0}{2}$$

(6.33)

6.2.3 积分制度对绿色闭环供应链模型的影响

积分制度会对供应链中各主体的决策产生影响，本部分通过对比有无积分制度情景下的绿色闭环供应链模型，定量分析积分制度对产品绿色度水平、产品批发与零售价格、WEEE 回收价格、回收量以及利润的影响。为了简化表达式，令：

$$A = 8\mu b - k^2 - bh^2\Delta^2\beta$$

$$A' = 8\mu b - (k + \delta)^2 - bh^2\Delta^2(\beta + \alpha)$$

$$B = kh\beta\Delta(a - bc_m)$$

$$B' = (k + \delta)h(\beta + \alpha)\Delta(a - bc_m)$$

$$C = kbh\Delta s_0$$

$$C' = (k + \delta)bh\Delta s_0$$

化简后具体内容如表 6.1 所示。

表 6.1　有无积分制度情景下的供应链最优决策

变量	无积分制度情景	积分制度情景
g	$g = \dfrac{k(a-bc_m)+bh\Delta s_0}{A}$	$g' = \dfrac{(k+\delta)(a-bc_m)+bh\Delta s_0}{A'}$
w	$w = \dfrac{(a+bc_m)A+(a-bc_m)k^2+C}{2bA}$	$w' = \dfrac{(a+bc_m)A'+(a-bc_m)(k+\delta)^2+C'}{2bA'}$
p_t	$p_t = \dfrac{B-s_0A+bh^2\Delta^2\beta s_0}{2\beta A}$	$p_t' = \dfrac{B'-s_0A'+bh^2\Delta^2(\beta+\alpha)s_0}{2(\beta+\alpha)A'}$
p	$p = \dfrac{(3a+bc_m)A+3(a-bc_m)k^2+3C}{4bA}$	$p' = \dfrac{(3a+bc_m)A'+3(a-bc_m)(k+\delta)^2+3C'}{4bA'}$

变量	无积分制度情景	积分制度情景
p_r	$p_r = \dfrac{B - 3s_0 A + s_0 b\beta h^2 \Delta^2}{4\beta A}$	$p_r' = \dfrac{B' - (3+2f) s_0 A' + s_0 b(\beta+\alpha) h^2 \Delta^2}{4(\beta+\alpha)(1+f) A'}$
q	$q = \dfrac{(a-bc_m) A + (a-bc_m) k^2 + C}{4A}$	$q' = \dfrac{(a-bc_m) A' + (a-bc_m)(k+\delta)^2 + C'}{4A'}$
s	$s = \dfrac{B + s_0 A + bh^2 \Delta^2 \beta s_0}{4A}$	$s' = \dfrac{B' + (1+2f) s_0 A' + h^2 \Delta^2 b s_0 (\beta+\alpha)}{4(1+f) A'}$
π_R	$\pi_R = \dfrac{[(a-bc_m) A + (a-bc_m) k^2 + C]^2}{16bA^2}$	$\pi_R' = \dfrac{[(a-bc_m) A' + (a-bc_m)(k+\delta)^2 + C']^2}{16bA'^2}$
π_{3R}	$\pi_{3R} = \dfrac{(B + s_0 A + bh^2 \Delta^2 \beta s_0)^2}{16\beta A^2}$	$\pi_{3R}' = \dfrac{[B' + (1+2f) s_0 A' + b(\beta+\alpha) h^2 \Delta^2 s_0]^2}{16(1+f)(\beta+\alpha) A'^2}$
π_M	$\pi_M = \dfrac{[(a-bc_m) A + (a-bc_m) k^2 + C]^2}{8bA^2}$ $+ \dfrac{(B + s_0 A + bh^2 \Delta^2 \beta s_0)^2}{8\beta A^2}$ $- \dfrac{\mu[k(a-bc_m) + bh\Delta s_0]^2}{A^2}$	$\pi_M' = \dfrac{[(a-bc_m) A' + (a-bc_m)(k+\delta)^2 + C']^2}{8bA'^2}$ $+ \dfrac{[B' + s_0 A' + bh^2 \Delta^2 (\beta+\alpha) s_0]}{8(1+f)(\beta+\alpha) A'^2}$ $\times [B' + (1+2f) s_0 A' + bh^2 \Delta^2 (\beta+\alpha) s_0]$ $- \dfrac{\mu[(k+\delta)(a-bc_m) + bh\Delta s_0]^2}{A'^2}$

由表 6.1，可以得出以下推论：

推论 1：积分制度下，$g<g'$，$w<w'$，$p_t<p_t'$，即对于制造商来说，积分制度的实行能够增加绿色产品的绿色度 g、批发价格 w、回收价格 p_t。

证明：由于 $A>A'$，$B<B'$，$C<C'$，可知

$$g' - g = \frac{A(k+\delta)(a-bc_m) + Abh\Delta s_0 - A'k(a-bc_m) - A'bh\Delta s_0}{AA'} > 0$$

$$w' - w = \frac{A'(a+bc_m)A + A'(a-bc_m)k^2 + A'C - A(a+bc_m)A' + A(a-bc_m)(k+\delta)^2 + AC'}{2bAA'} > 0$$

$$p_{t'} - p_t = \frac{hg'\Delta\beta(\beta+\alpha) - s_0\beta - hg\Delta\beta(\beta+\alpha) + s_0\beta(\beta+\alpha)}{2\beta(\beta+\alpha)} > 0$$

推论 1 表明，对于制造商来说，积分制度的引入使消费者对绿色产品的敏感程度增强，即对产品绿色度的敏感程度增强，因此制造商通过增加产品绿色度来满足消费者需求，同时还能够减少污染从而为保护环境做出贡献。此外，制造商为了鼓励第三方回收商积极进行回收，以提高回收价格的方式激励第三方回收商增加回收量。然而，制造商增加产品绿色度和提高回购价格均会增加研发和生产成本，为了保证自身利润最大化，制造商会提高产品的批发价。

推论 2：积分制度下，$p<p'$，$q<q'$，$\pi_R<\pi_R'$，即对于零售商来说，积分制度的实行能够增加产品的零售价格 p、市场需求量 q、零售商的总利润 π_R。

证明：与推论 1 的证明方法类似（具体表达式省略），得到：

$$p'-p > 0, q'-q > 0, \pi_R'-\pi_R > 0$$

推论 2 表明，对于零售商来说，积分制度的引入使得消费者对绿色产品的敏感程度增强，从而影响整个市场对绿色产品的需求量，扩大市场规模。同时，由推论 1 可知，制造商为了保证自身利润最大化，会提高产品的批发价，因此零售商基于批发价的提高，会相应提高产品的零售价格从而保证自身利润不会减少，并保持高于无积分制度情景下的总利润水平。

推论 3：积分制度下，当 f 满足以下不等式时，回收量增加。

$$f < \frac{AB' - A'B + Abh^2\Delta^2 s_0(\beta+\alpha) - A'bh^2\Delta^2 s_0\beta}{A'B + A'bh^2\Delta^2 s_0\beta - AA's_0}$$

$$(6.34)$$

证明：当 $f=0$ 时，$s'-s>0$；

当 $f\neq0$ 时，

$$\frac{\partial s'}{\partial f} = \frac{\begin{array}{c} 8s_0(1+f)A'^2 - 4A'B' - 4(1+2f)s_0A'^2 \\ -4A'bh^2\Delta^2 s_0(\beta+\alpha) \end{array}}{16(1+f)^2 A'^2} < 0$$

令 $s'-s=0$，得：

$$f = \frac{AB' - A'B + Abh^2\Delta^2 s_0(\beta+\alpha) - A'bh^2\Delta^2 s_0\beta}{A'B + A'bh^2\Delta^2 s_0\beta - AA's_0}$$

推论 3 表明，第三方回收商确定的积分价值率在合适的区间时，积分制度的实行能够使整个市场的 WEEE 回收量增加，激励消费者参与回收。然而，当积分价值率过高时，回收量会变少，第三方回收商基于对自身利润最大化的考虑，不会积极促进回收。因此，第三方回收商为了保证自身利益不受损失，不会将积分价值率设置得过高。这与日常生活中积分价值率往往不高的现状相符合。

实行积分制度的最基本的目的是提高 WEEE 的回收量，因此在下文分析中，f 取值需要满足式（6.34）。

推论 4：积分制度下，WEEE 的回收价格提高。

证明：由于 $s=s_0+\beta p_r$，$s'=s_0+(\beta+\alpha)p_r'$

$$p_r' - p_r > \frac{\alpha}{\beta+\alpha}p_r > 0$$

由推论 3 可知，$s'>s$，得到（$\beta+\alpha$）$p'_r>\beta p_r$。

因此，当 f 满足式（6.34）时，回收价格提高。

推论 4 表明，第三方回收商设定的积分价值率在合适的区间时，制造商会通过提高回购价格来激励第三方回收商增加回收量，积分制度的实行能够在一定程度上提高回收价格。然而当积分价值率过高时，第三方回收商成本会增加，为了保证自身利润最大化，第三方回收商会降低产品的回收价格。

推论 5：积分制度下，第三方回收商的利润增加。

证明：$\pi_{3R}=\dfrac{1}{\beta}s^2$，$\pi'_{3R}=\dfrac{1+f}{\beta+\alpha}s'^2$

由推论 3 可知，当 f 满足式（6.34）时，$s'>s$；

当 f 取临界值时，$\pi'_{3R}>\pi_{3R}$；

又因为

$$\frac{\partial \pi'_{3R}}{\partial f}=\frac{B'+(1+2f)s_0 A'+b(\beta+\alpha)h^2\Delta^2 s_0}{8(\beta+\alpha)A'^2\sqrt{(1+f)}(1+f)}$$

$$\times\left(2s_0 A'\sqrt{(1+f)}-\frac{B'+(1+2f)s_0 A'+b(\beta+\alpha)h^2\Delta^2 s_0}{2\sqrt{1+f}}\right)<0$$

因此，当 f 满足式（6.34）时，$\pi'_{3R}>\pi_{3R}$，即第三方回收商的利润增加。

推论 5 表明，当第三方回收商设定的积分价值率能够使整个市场的回收量增加时，第三方回收商的利润水平并不会因额外支付积分费用而降低，反而第三方回收商的利润水平会因回收量的增加以及回购价格的提高而高于无积分制度情景下的利润水平。

推论 6：积分制度下，不考虑绿色研发成本时，制造商的利润增加。

证明：$\pi_M = 2\pi_R + 2\pi_{3R}$　$\pi'_M = 2\pi'_R + 2\pi'_{3R}$　π'

$$\pi' = B' + s_0 A' + bh^2 \Delta^2 (\beta + \alpha) s_0$$

由推论 2 和推论 5 可知，$\dfrac{\partial \pi_{3R'}}{\partial f} < 0$，$\pi'_{3R} > \pi_{3R}$，又 $\pi'_R > \pi_R$，

因此可得到，当 f 满足式（6.34）时，$\pi'_M > \pi_M$，即在不考虑研发成本的情况下，制造商的利润增加。

推论 6 表明，当第三方回收商设定的积分价值率能够使整个市场的回收量增加时，制造商的利润也会增加。但是当考虑到绿色研发成本时，只有研发成本的增加幅度小于由积分制度实行所带来的利润增加幅度时，积分制度的实行才能增加制造商的利润。

由以上分析可知，当积分价值率 f 控制在一定区间时，不仅有利于激励消费者参与回收，提高 WEEE 的回收量，增加绿色产品需求，达到保护环境的目的，还有

利于增加供应链各成员的利润，增加经济效益和环保效益。

6.3 数值模拟

根据以上绿色闭环供应链模型计算结果，本节通过具体的算例分析进行数值模拟，以验证积分制度对供应链各成员的决策变量、利润及回收量的影响。此外，通过设定不同的敏感程度参数研究不同参数对回收量和市场需求量的影响，并结合前文的消费者类型，对经济和环保主义两类差别较明显的消费者进行比较分析。

假设某绿色 WEEE 的相关参数如下：

$\mu = 20$，$c_m = 200$，$c_r = 100$，$\Delta = 100$，$a = 2000$，$b = 5$，$k = 3$，$\delta = 0.05$，$s_0 = 50$，$\beta = 5$，$\alpha = 0.2$，$h = 0.05$。

在日常生活中积分制度规定的兑换比例往往是 100 元人民币兑换 1 积分，在使用时相当于 1 元人民币。因此，将积分价值率设置为 0.01，同时保证维持积分价值率在合理的区间，不会造成第三方回收商的利润损失。将以上参数分别代入表 6.1 的表达式中，得到有无积分制情景下的供应链各成员相关决策值及利润值，结果如表 6.2 所示。

表 6.2 有无积分制度情景下的供应链各成员决策算例分析

变量	无积分制度情景	大小关系	积分制度情景
g	25.60	<	30.56
w	307.68	<	309.33
p_t	59.01	<	71.60
p	361.52	<	363.98
p_r	24.50	<	30.64
q	269.20	<	273.30
s	172.52	<	209.31
π_R	14493.92	<	14938.97
π_{3R}	5952.29	<	8509.38
π_M	27782.76	<	28175.73

通过算例分析，由表 6.2 的结果可以得到，在适当的积分价值率下，积分制度的实行不仅能够提高产品的绿色度，还能提高绿色产品的市场需求量和 WEEE 的回收量，同时制造商、零售商和第三方回收商的各变量值与利润均有一定程度的增加。

为了研究积分制度的激励效果对产品的回收量和需求量的影响，在保证其他参数不变的情况下，运用 Origin 软件分析积分制度的激励效果 α，取值为 0~1，研究 WEEE 的回收量以及绿色产品的市场需求量的变化情况，结果如图 6.2、图 6.3 所示。

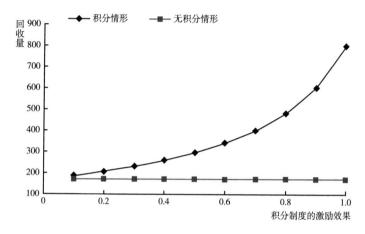

图 6.2　积分制度的激励效果与回收量的关系

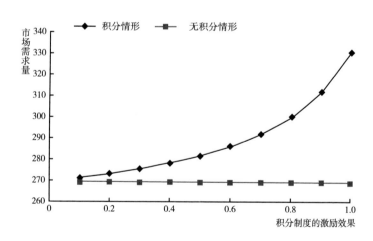

图 6.3　积分制度的激励效果与市场需求量的关系

可以看出，在保证其他参数不变的情况下，随着积分激励效果的增加，WEEE 的回收量和绿色产品的市场需求量均会增加。市场需求量受积分激励效果的影响较小，相比之下，回收量受积分激励效果的影响较大。在积分激励效果较小时，市场需求量大于回收量，说明消费者的回收积极性并不是特别高；当积分激励效果大于 0.5 时，回收量大于市场需求量，且随着积分效果的增加，差异日趋明显，说明积分激励效果能够显著影响 WEEE 的回收量。因此，实行积分制度的关键应该是找到对消费者最有效的激励方案。

在研究消费者敏感度对产品的回收量和市场需求量的影响时，采用同样的方法，在保证其他参数不变的情况下，分析消费者绿色敏感度 δ，取值 0~1，研究 WEEE 的回收量以及绿色产品的市场需求量的变化情况，结果如图 6.4、图 6.5 所示。

可以看出，在保证其他参数不变的情况下，随着消费者绿色敏感度的提高，WEEE 的回收量和绿色产品的市场需求量均会增加但变化并不明显。在模型中假设制造商只生产一定绿色程度的产品，这可能导致市场需求量变化不明显。回收量的变化相较于市场需求量更明显一些。消费者对产品的绿色敏感度越高，WEEE 的回收

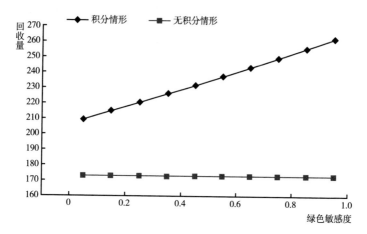

图6.4 消费者绿色敏感度与回收量的关系

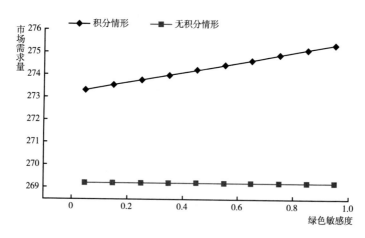

图6.5 消费者绿色敏感度与市场需求量的关系

量越大。可以发现，回收量与市场需求量的变化受积分激励效果影响较大，而受消费者绿色敏感度影响较小。

由前文分析可知，环保主义者的环保价值态度较积极，对于产品的绿色敏感度也比经济主义者高。因此，在积分回收中，环保主义者的参与度较高，能够较为积极地参与回收，从而有利于提高 WEEE 的回收量，而在市场需求方面，消费者的绿色敏感度则不会造成太大影响。

结合以上研究发现，在积分激励效果方面，积分制度的实行能增强任何一类消费者参与积分回收的意向，故积分激励效果对所有消费者均会产生影响，对提高绿色产品的需求量和 WEEE 的回收量均能起到一定的作用。而在绿色敏感度方面，环保主义者对产品的绿色敏感度较高，因此在提高 WEEE 的回收量方面能够做出一定的贡献，而经济主义者的相对积极性较弱。而在提高市场需求量方面，消费者的绿色敏感度并不会产生太大的影响，消费者会考虑价格以及自身价值等问题。

在积分价值率对利润的影响方面，由研究可知零售商的利润不受积分价值率的影响。在保证其他参数不变的情况下，分析积分价值率 f 取值在 $0\sim0.2$，第三方回收商利润与制造商利润的变化情况如图 6.6、图 6.7 所示。

可以看出，在保证其他参数不变的情况下，随着积分

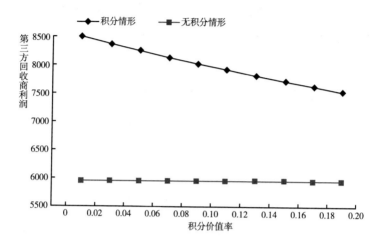

图 6.6　第三方回收商利润与积分价值率的关系

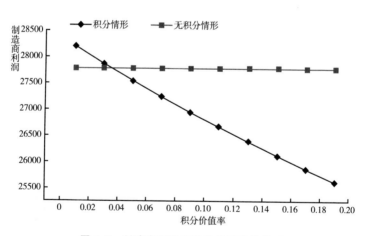

图 6.7　制造商利润与积分价值率的关系

价值率的提高，第三方回收商的利润有所下降。此时制造商的利润为净利润值，即考虑投入的绿色研发成本。第三方回收商利润水平在 f 取值为 $0 \sim 0.2$ 的区间内虽然下降，但是仍高于无积分情景下的利润水平，而在 f 取值为 0.03 左右时，制造商的利润水平相比无积分情景下有所降低。这说明在积分价值率过高的情况下，虽然回收量增加，但是制造商会出现利润减少的情况。在不考虑制造商的绿色研发成本时，制造商的利润水平在 f 取值为 $0 \sim 0.2$ 的区间内可以保持高于无积分情景下的利润水平。因此，在积分制度下，积分价值率设定标准会对供应链的利润造成影响。对制造商来讲，在商品制造过程中绿色研发成本较高，此时若只站在消费者的角度考虑积分回报就会影响到制造商的利润，进而影响制造商对绿色产品的投入力度，反而会造成环保效益的损失。

6.4　小结

本章将积分制度引入 WEEE 回收体系，探讨积分制度对绿色闭环供应链的影响。在模型构建时，将积分制度的影响效果以参数的形式代入有第三方回收商的绿色闭环供应链模型，分析有无积分情景下主体的利润及决策变量的变化。研究发现，当积分价值率保持在一定区间时，对于供应链各主体来讲，积分制度的实行不仅能够提高WEEE 的回收量，还能增加各方利润。因此，第三方回收商负责积分发放时，对于积分价值率的设定需要结合市场情况，同时不能影响到正常的回收价格。首先，相比于接受溢价的程度，消费者更关注回收行为的损失程度。其次，积分价值率设定标准过低，对于消费者的激励程度较小，对回收量的影响较小，不会促进 WEEE 的回收；若设定标准过高，会影响制造商和第三方回收商的利润。

第7章　"互联网+回收积分制度" 闭环供应链模型

7.1　模型描述

　　本研究探讨的 WEEE 闭环供应链是包含制造、销售、回收、处理、再利用这一系列完整活动过程的循环链条。其中制造商负责产品的研发生产；零售商先以批发价格从制造商处购入一定数量的商品，再以适当的价格出售给消费者；消费者在使用一段时间的商品后，将已废旧商品处理掉，当有回收意愿的消费者将这些 WEEE 主动交投给回收商后可获得一定的收益；回收商以一定额度的转移价格将所回收商品移交给制造商，制造商对回收商品进行处理后可用作再制造原材料等，将其以回收再利用的新产品形式出售。

　　基于互联网的回收模式具有便捷性，加之网络回收可追溯，一部分回收商开始运用积分机制来激励消费者参与回收，同时提升消费者的环保意识及其品牌忠诚度。该活动初期确实取得了一定的成效，但是随着积分制度的实施，商家面临如何提高积分使用率这一新问题。积分使用率主要受到消费者对积分制度的评价影响，包括积分获取的难度、积分发放的数量、积分使用的难度、积分覆盖的范围（即可用于积分使用的商品种类）等。如果消费者对积分制度不满意，那么参与回收的意向就会大幅减弱，甚至拒绝参与回收。

因此，设计有效的积分模式对于激励消费者参与积分计划至关重要。本研究重点考虑独立积分计划与积分联盟这两种模式，针对两种积分模式下的 WEEE 闭环供应链建模，通过求解不同积分机制下供应链各成员的利润最优值与决策最优值，比较两种积分模式优劣，探讨在什么环境下运用何种积分模式会实现供应链整体效益最优。

本研究构建的 WEEE 闭环供应链模型包括以下设定。

独立积分计划下的闭环供应链成员主要包括制造商、零售商、回收商、消费者。制造商负责产品的制造，不直接负责 WEEE 的回收工作，由于回收的 WEEE 具备一定的再利用价值，制造商负责回收产品的再制造工作。零售商专心负责前向供应链中的商品销售业务，由于回收商实施的回收积分激励会促进零售商的销量增加，零售商的利润因此会增加，零售商会依据积分使用率给予回收商一定的分红以助力回收工作。回收商负责 WEEE 的回收工作，通过实施相关积分计划来吸引消费者参与回收，并享受来自零售商的一部分奖励分红，消费者可用积分购买前向供应链中的商品以获得部分现金抵扣。

积分联盟下闭环供应链主体方面增加了积分运营商，其主要负责积分联盟内积分使用活跃度及积分的结算等相关工作。在积分联盟下，供应链各成员的收益会有一定的改变。消费者的收益主要来自参与 WEEE 回收时的积分激励，从回收商那里获得的积分可用于在积分联盟的各个零售商处购买产品时进行现金抵扣；零售商的收益主要来源于前向供应链中的商品销售利润，但是区别于独立积分计划，其由积分增加带来的销量一部分来自本产品，另一部分来自积分联盟内其他产品；回收商的收益变动主要是使用率的变化导致零售商给予的利润分成发生变化；制造商获得的收益主要有前端销售获得的利润以及再制造带来的成本减少，在积分联盟下由于积分的使用率会改变，制造商的利润也会改变；积分运营商获得的收益主要是积分联盟成员的运营费用以及从积分交易中以一定比例获取的抽成。

7.1.1 模型框架

本研究建立了独立积分计划与积分联盟这两种模式下的 WEEE 闭环供应链模型，并进行了求解和均衡分析。

独立积分计划模式下的供应链主体包括零售商、回收商、制造商，共有 n 个零售商、回收商、制造商，分别对应于一种产品。每种产品所处的供应链模型如图 7.1 所示，零售商以 w_i 的价格向制造商购买产品，消费者再以 p_i 的价格从零售商处购买产品，回收商以 v_i 的积分从消费者处回收 WEEE，制造商以 b_i 的转移价格从回收商处获得回收的产品从而进行再制造。其中回收商需要承担一定的回收运输成本，制造商需要承担制造及再制造成本。

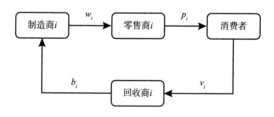

图 7.1　WEEE 闭环供应链模型

积分联盟下的供应链在上述模型的基础上引入积分运营商，积分联盟内所有回收商提供的积分在任一零售商处均可使用。积分联盟运营流程如图 7.2 所示，消费者在该闭环供应链中参与产品 i 回收可以获得积分 v_i，因参与回收而获得的积分可以在积分联盟内任一零售商处使用。消费者在使用积分作为抵扣时，积分运营商会从中获得 a 的费用作为收益，抽成费用由零售商承担（从消费者交易中扣除）。

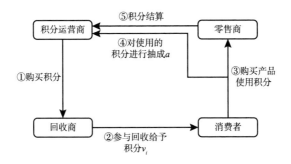

图 7.2　WEEE 回收下积分联盟运营

7.1.2　参数说明与模型假设

本研究模型中相关符号的含义和说明如下。

p_i，表示消费者在零售商 i 购买新产品的价格。

w_i，表示制造商 i 批发给零售商 i 产品的批发价格。

v_i，表示回收商 i 回收单位产品给予消费者的积分价值。

b_i，表示制造商 i 从回收商 i 处获取单位回收产品的转移价格。

c_{ti}，表示回收商 i 回收产品时的运输处理成本。

c_i，表示制造商制造新产品的单位制造成本。

c_{ri}，表示制造商制造再制造产品时的单位成本。

c_e，表示零售商支付给积分运营商的运营费用。

a，表示积分运营商从零售商处基于积分使用人数获取的费用。

k，表示积分联盟内成员的活跃度。

l_s，表示独立积分计划下消费者的积分使用率。

l_a，表示积分联盟内消费者的积分使用率。

h，表示零售商基于积分使用人数给予回收商的补贴。

Q_i，表示零售商 i 在无回收时的需求量。

D_i，表示零售商 i 在有回收时的需求量。

S_i，表示回收商 i 的回收量。

π_i，表示零售商 i 的利润函数。

π_{ri}，表示回收商 i 的利润函数。

π_{mi}，表示制造商 i 的利润函数。

π_{Ti}，表示 i 产品所处的闭环供应链的总利润。

π_T，表示所有产品闭环供应链的总利润。

π_y，表示积分运营商的利润函数。

所有的最优解，含上标 a 的为积分联盟下的最优解，不含上标 a 的则为独立积分计划模式下的最优解，含上标 o 的为集中决策最优解，含上标 $*$ 的为分散决策最优解。

为模型合理以及方便运算，做出以下假设。

在本研究中，制造商、零售商、回收商、消费者、积分运营商均视为完全理性，追求各自的期望利润最大化。

尽管制造商获取制造产品所需原材料有两种途径，一种是新材料的购买，另一种是通过回收来获取可再利用的材料。假定制造商制造的新产品和再制造产品的品质相同，[①] 消费者对其的感知效用也相同，批发价格和销售价格分别为 w_i 和 p_i。

假定回收的产品均可以进行再制造，即再制造率为 1。

回收商 i 的回收成本包括运输处理成本 c_{ti} 和付出的单位积分成本 v_i，制造商 i 从回收商 i 处获得单位回收产品的转移价格为 b_i，回收商 i 在有利可图的情况下才会运营，令 $b_i > v_i + c_{ti}$；制造商再制造获得的成本节约为 $\Delta_i = c_i - c_{ri}$，制造商在再制造能够获利的情况下才会进行再制造，令 $\Delta_i > c_{ti}$。

积分联盟下的积分使用率与独立积分计划相比是有区别的。在积分联盟模式下，拥有积分的人可能会对积分联

---

① 洪宪培、王宗军、赵丹：《闭环供应链定价模型与回收渠道选择决策》，《管理学报》2012 年第 12 期，第 1848~1855。

盟内其他产品产生需求，进而使用积分，提升了积分使用率。在两种模式下积分使用率的关系为 $l_a = l_s + uk$。其中，l_s、l_a 分别为独立积分计划和积分联盟下的积分使用率，积分使用率表示积分使用人数占拥有积分人数的比例；k 表示积分联盟内成员的活跃度，活跃度越高，消费者在联盟内交易程度越高，即消费者回收了产品 i，用获得的积分去抵扣了产品 j 的部分费用，k 由积分运营商的努力来决定。依据 Savaskan 等的模型[①]，其努力成本 $C(k) = m k^2$。其中，m 由积分联盟内商品热销程度、积分使用难度、联盟内商家成员数量等决定；$k<1$。u 表示积分联盟相较于独立积分计划积分使用率的提高幅度，$u<1-l_s$。

依据 Giovanni 等[②]的需求模型，回收会对需求造成影响，而在本研究中，积分是由回收商提供的，因此积分的使用人数会对产品的需求造成影响，需求函数为 $D_i = (\alpha_i - \beta_i p_i)[1 + \rho(S_i l_s + \theta_i Ruk)]$。其中，$\alpha_i$ 表示市场容量；β_i 表示需求对价格的敏感系数；ρ 为缩放系数，表示

① Savaskan R. C., Bhattacharya S., Wassenhov Luk N. Van., "Closed-loop Supply Chain Models with Product Remanufacturing," *Management Science*, 2004, 50 (2): 239–252.

② Giovanni P. D., Reddy P. V., Zaccour G., "Incentive Strategies for An Optimal Recovery Program in a Closed-loop Supply Chain," *European Journal of Operational Research*, 2016, 249 (2): 605–617.

由积分使用人数增加带来的销量增加的幅度，$\rho < 1$；R 表示所有参与回收的人数，当 n 足够大时，$\mathrm{Max}\{S_i\} \leqslant R < \sum S_i$（$i = 1, 2, \cdots, n$），且回收具备一定规模时 $R > n$，在独立积分计划下积分仅能在一个商家处使用，此时 $k = 0$；θ_i 表示产品 i 对积分联盟下新增回收人员的吸引力，其值代表了零售商之间的竞争力，$\sum \theta_i = 1$。

假定回收量函数为 $S_i = \lambda_i v_i$。其中，λ_i 表示回收量对积分价值的敏感程度，回收量随积分价值的增加而提升，且满足 $\lambda_i < \beta_i$，回收量满足 $S_i < D_i$。

积分运营商对零售商 i 的抽成为 $a\theta_i R l_a$。其中，a 表示单位积分使用人数的抽成费用。a 在本研究中不作为决策变量，由零售商和积分运营商协商决定，取决于双方的讨价还价能力。

7.2 积分制度下闭环供应链定价决策

7.2.1 独立积分计划模式：集中决策

在集中决策下，各个成员的利润不是第一优先级，而是以整个闭环供应链的利润最大化为目标，其整体的利润函数为：

$$\pi_T = \Sigma \big[(p_i - c_i)(\alpha_i - \beta_i p_i)(1 + \rho S_i l_s) + (\Delta_i - v_i - c_{ti}) S_i \big]$$
$$(i = 1, 2, \cdots, n)$$
$$(7.1)$$

供应链总体利润主要分为两部分，前向供应链销售获得的利润，以及回收带来的成本节约。式（7.1）考虑积分使用带来的产品销量增加，回收量越大，拥有积分的人数越多，则使用积分的人数就越多，进而增加产品的销量。将式（7.1）对 p_i 和 v_i 求导，令 $\dfrac{\partial \pi_T}{\partial p_i} = \dfrac{\partial \pi_T}{\partial v_i} = 0$，得到：

$$p_i^o = \frac{\alpha_i + \beta_i c_i}{2\beta_i} \qquad (7.2)$$

$$v_i^o = \frac{-4\beta_i c_{ti} + \rho(\alpha_i - \beta_i c_i)^2 l_s + 4\beta_i \Delta_i}{8\beta_i} \qquad (7.3)$$

将式（7.2）和式（7.3）代入式（7.1）得到供应链的最优利润为：

$$\pi_{Ti}^o = \frac{(\alpha_i - \beta_i c_i)^2}{4\beta_i} + \frac{\big[-4\beta_i c_{ti} + \rho(\alpha_i - \beta_i c_i)^2 l_s + 4\beta_i \Delta_i \big]^2 \lambda_i}{64\beta_i^2}$$
$$(7.4)$$

$$\pi_T^o = \Sigma \pi_{Ti}^o \quad (i = 1, 2, \cdots, n)$$

该供应链的回收量为：

$$S_i^o = \frac{[\rho(\alpha_i - \beta_i c_i)^2 l_s + 4\beta_i \Delta_i - 4\beta_i c_{ti}]\lambda_i}{8\beta_i}$$

$$(i = 1, 2, \cdots, n)$$

（7.5）

7.2.2　独立积分计划模式：分散决策

在分散决策模式下，供应链各成员以自身利润最大化为目标，进行的是制造商占主导地位的 Stackelberg 博弈。首先，制造商 i 为实现利润最大化而确定 w_i 和 b_i；其次，零售商 i 根据已知 w_i 制定商品 i 的价格 p_i，回收商根据转移价格 b_i 确定商品 i 的回收积分价格 v_i。

零售商的利润是销售获得利润减去基于回收商的利润分成，零售商 i 的利润函数为：

$$\pi_i = (p_i - w_i)(\alpha_i - \beta_i p_i)(1 + \rho S_i l_s) - h l_s S_i$$

$$(i = 1, 2, \cdots, n)$$

（7.6）

令 $\dfrac{\partial \pi_i}{\partial p_i} = 0$，得：

$$p_i^o = \frac{\alpha_i + \beta_i c_i}{2\beta_i}$$

（7.7）

回收商的利润包括回收获得的收益以及从零售商处获

得的基于积分使用人数的抽成，回收商 i 的利润函数为：

$$\pi_{ri} = (b_i - v_i - c_{ti})S_i + hl_sS_i$$
$$(i = 1, 2, \cdots, n)$$
$$(7.8)$$

令 $\dfrac{\pi_{ri}}{\partial v_i} = 0$，得：

$$v_i^* = \frac{b_i - c_{ti} + hl_s}{2} \qquad (7.9)$$

制造商的利润由前端销售获得利润以及回收带来的成本节约组成，制造商 i 的利润函数为：

$$\pi_{mi} = (w_i - c_i)(\alpha_i - \beta_i p_i)(1 + \rho S_i l_s) + (\Delta_i - b_i)S_i$$
$$(i = 1, 2, \cdots, n)$$
$$(7.10)$$

将式（7.7）和式（7.9）代入式（7.10），令 $\dfrac{\partial \pi_{mi}}{\partial w_i} = \dfrac{\partial \pi_{mi}}{\partial b_i} = 0$，得：

$$w_i^* = \frac{1}{2}\left(c_i + \frac{\alpha_i}{\beta_i}\right) \qquad (7.11)$$

$$b_i^* = \frac{\Delta_i + c_{ti} - hl_s}{2} + \frac{\rho l_s(\alpha_i - c_i\beta_i)^2}{16\beta_i} \qquad (7.12)$$

将式（7.7）、式（7.9）、式（7.11）、式（7.12）代入式（7.6）、式（7.8）、式（7.10）得到各成员的最优利润以及供应链总体利润，令 $A_i = (\alpha_i - c_i\beta_i)^2$，$Z_i = hl_s + \Delta_i - c_{ti}$，利润分别为：

$$\pi_i^* = \frac{(\rho A_i - 16h\beta_i)(\rho A_i l_s + 8\beta_i Z_i)l_s\lambda_i}{512\beta_i^2} + \frac{A_i}{16\beta_i}$$

$$(7.13)$$

$$\pi_{ri}^* = \frac{(8\beta_i Z_i + \rho l_s A_i)^2\lambda_i}{1024\beta_i^2} \qquad (7.14)$$

$$\pi_{mi}^* = \frac{A_i}{8\beta_i} + \frac{(\rho l_s A_i + 8\beta_i Z_i)^2\lambda_i}{512\beta_i^2} \qquad (7.15)$$

$$\pi_{Ti}^* = \frac{3A_i}{16\beta_i} + \frac{\lambda_i(\rho A_i l_s + 8\beta_i Z_i)(5\rho A_i l_s + 24\beta_i Z_i - 32h\beta_i l_s)}{1024\beta_i^2}$$

$$(7.16)$$

$$\pi_T^* = \Sigma\pi_{Ti}^* \quad (i = 1, 2, \cdots, n)$$

该模式下产品 i 的最优回收量为：

$$S_i^* = \lambda_i\left(\frac{Z_i}{4} + \frac{\rho l_s A_i}{32\beta_i}\right) \qquad (i = 1, 2, \cdots, n)$$

$$(7.17)$$

7.2.3 积分联盟模式：集中决策

积分联盟模式是在独立积分计划的基础上引入了积分运营商，积分运营商通过提高积分联盟内的活跃度以提高积分的使用率，进而达到影响利润的目的。积分联盟下所有产品供应链的总体利润为：

$$\pi_T = \Sigma\{(p_i - c_i)(\alpha_i - \beta_i p_i)[1 + \rho(S_i l_s + \theta_i Ruk)] \\ + (\Delta_i - v_i - c_{ti})S_i\} - mk^2$$

$$(i = 1, 2, \cdots, n)$$

$$(7.18)$$

区别于独立积分计划，在积分联盟模式下得益于积分运营商的努力，积分使用率提高，各个产品的销量与积分联盟内商家的竞争力相关。将式（7.18）对 p_i 和 v_i 求导，令 $\dfrac{\partial \pi_T}{\partial p_i} = \dfrac{\partial \pi_T}{\partial v_i} = \dfrac{\partial \pi_T}{\partial k} = 0$，得到：

$$p_i^{ao} = \frac{\alpha_i + \beta_i c_i}{2\beta_i} \tag{7.19}$$

$$v_i^{ao} = \frac{-4\beta_i c_{ti} + \rho(\alpha_i - \beta_i c_i)^2 l_s + 4\beta_i \Delta_i}{8\beta_i} \tag{7.20}$$

$$k^{ao} = \frac{\rho Ru}{8m} \Sigma \frac{\theta_i(\alpha_i - \beta_i c_i)^2}{\beta_i} \tag{7.21}$$

将式（7.19）、式（7.20）、式（7.21）代入式（7.18）中，得：

$$\pi_T^{ao} = \sum \left\{ \frac{(\alpha_i - \beta_i c_i)^2}{4\beta_i} + \frac{[-4\beta_i c_{ti} + \rho(\alpha_i - \beta_i c_i)^2 l_s + 4\beta_i \Delta_i]^2 \lambda_i}{64\beta_i^2} \right\}$$
$$+ \frac{(\rho Ru)^2}{64m} \left(\sum \frac{\theta_i(\alpha_i - \beta_i c_i)^2}{\beta_i} \right)^2$$
$$(i = 1, 2, \cdots, n)$$
$$(7.22)$$

该模式下产品 i 的最优回收量为：

$$S_i^{ao} = \frac{\lambda_i [-4\beta_i c_{ti} + \rho(\alpha_i - \beta_i c_i)^2 l_s + 4\beta_i \Delta_i]}{8\beta_i}$$
$$(i = 1, 2, \cdots, n)$$
$$(7.23)$$

7.2.4　积分联盟模式：分散决策

在分散决策模式下，以制造商为主导进行 Stackelberg 博弈。首先，制造商 i 为实现利润最大化确定 w_i 和 b_i；其次，零售商 i 根据已知 w_i 确定商品 i 的价格 p_i，回收商根据转移价格 b_i 确定商品 i 的回收积分价格 v_i，积分运营商确定其积分联盟内成员的活跃度 k。

零售商 i 的利润是前向的销售利润减去付给回收商 i

和积分运营商的抽成以及给积分运营商的加盟费用。零售商 i 的利润函数为：

$$\pi_i = (p_i - w_i)D_i - hl_a S_i - a\theta_i Rl_a - c_e$$
$$(i = 1, 2, \cdots, n)$$
$$(7.24)$$

令 $\dfrac{\partial \pi_i}{\partial p_i} = 0$，得：

$$p_i^{a*} = \frac{\alpha_i + \beta_i w_i}{2\beta_i} \qquad (7.25)$$

回收商 i 的利润由回收获得的收益以及从零售商处获得的关于积分使用人数的抽成组成，回收商 i 的利润函数为：

$$\pi_{ri} = (b_i - v_i - c_{ti})S_i + hl_a S_i$$
$$(i = 1, 2, \cdots, n)$$
$$(7.26)$$

令 $\dfrac{\pi_{ri}}{\partial v_i} = 0$，得：

$$v_i^{a*} = \frac{1}{2}[b_i - c_{ti} + h(ku + l_s)] \qquad (7.27)$$

积分运营商的利润由零售商处积分使用的抽成和零售商的加盟费组成，其利润函数为：

$$\pi_y = aR(l_s + uk) + nc_e - mk^2$$

令 $\dfrac{\pi_y}{\partial k} = 0$，求得最优解：

$$k^{a*} = \frac{aRu}{2m} \qquad (7.28)$$

制造商的利润包括前端销售获得利润和回收带来的成本节约，制造商 i 的利润函数为：

$$\pi_{mi} = (w_i - c_i)D_i + (\Delta_i - b_i)S_i$$
$$(i = 1, 2, \cdots, n)$$
$$(7.29)$$

将式（7.24）、式（7.26）及式（7.27）代入式（7.28），令 $\dfrac{\partial \pi_{mi}}{\partial w_i} = \dfrac{\partial \pi_{mi}}{\partial b_i} = 0$，得：

$$w_i^{a*} = \frac{1}{2}\left(c_i + \frac{\alpha_i}{\beta_i}\right) \qquad (7.30)$$

$$b_i^{a*} = \frac{\Delta_i + c_{ti} - h(l_s + k^* u)}{2} + \frac{\rho l_s(\alpha_i - c_i\beta_i)^2}{16\beta_i} \qquad (7.31)$$

将式（7.24）、式（7.26）、式（7.27）、式（7.29）及式（7.30）代入式（7.6）、式（7.8）、式（7.10）得到各成员的最优利润以及供应链总体利润，令 $A_i =$

$(\alpha_i - c_i\beta_i)^2$，$Z_i = hl_s + \Delta_i - c_{ti}$，利润分别为：

$$\pi_i^{a*} = \frac{(\rho A_i - 16h\beta_i)(\rho A_i l_s + 8\beta_i Z_i)\lambda_i l_s}{512\beta_i^2} + \frac{A_i}{16\beta_i}$$

$$+ \frac{R\theta_i(uk^*\rho A_i - 16\beta_i al_a)}{512\beta_i^2} + \frac{h\beta_i\lambda_i uk^* l_s(\rho A_i - 16h\beta_i)}{64\beta_i^2}$$

$$- \frac{hY_i\beta_i\lambda_i uk^*[\rho A_i l_s + 8\beta_i(hl_a^* + \Delta_i - c_{ti})]}{32\beta_i^2} - c_e \qquad (7.32)$$

$$\pi_{ri}^{a*} = \frac{[8\beta_i(hl_a^* + \Delta_i - c_{ti}) + \rho l_s A_i]^2\lambda_i}{1024\beta_i^2} \qquad (7.33)$$

$$\pi_{mi}^{a*} = \frac{(1 + kRu\rho\theta_i)A_i}{8\beta_i} + \frac{[\rho l_s A_i + 8\beta_i(hl_a^* + \Delta_i - c_{ti})]^2\lambda_i}{512\beta_i^2}$$

$$(7.34)$$

$$\pi_y^{a*} = nc_e + \frac{aR(aRu^2 + 4ml_s)}{4m} \qquad (7.35)$$

$$\pi_T^{a*} = \Sigma(\pi_i + \pi_{ri} + \pi_{mi}) + \pi_y$$
$$(i = 1, 2, \cdots, n)$$
$$(7.36)$$

该模式下产品 i 的最优回收量为：

$$S_i^{a*} = \lambda_i\left(\frac{hl_a^* + \Delta_i - c_{ti}}{4} + \frac{\rho l_s A_i}{32\beta_i}\right)$$
$$(i = 1, 2, \cdots, n)$$
$$(7.37)$$

7.3 均衡分析

结论 1：无论是集中决策还是分散决策，积分联盟下供应链的总利润均大于独立积分计划，即 $\pi_T^{ao} > \pi_T^{o}$，$\pi_T^{a*} > \pi_T^{*}$。

推论 1：存在最优活跃度 k^{a*}，且最优活跃度随总回收人数 R、抽成 a、活跃度影响系数 u 的增加而提高，随成本系数 m 的增加而降低。

证明：

由式（7.4）、式（7.16）、式（7.22）及式（7.36），可以得到三种情况下的利润函数：

（1）因为 $\pi_T^{ao} - \pi_T^{o} = \dfrac{(\rho Ru)^2}{64m}\left(\sum \dfrac{\theta_i\ (\alpha_i - \beta_i c_i)^2}{\beta_i}\right)^2 > 0$，

所以 $\pi_T^{ao} > \pi_T^{o}$ 得证。

（2）当 $k = 0$ 时，有 $\pi_T^{a} = \pi_T^{*}$，而对于 π_T^{a} 来说，存在

$k^{a*} = \dfrac{aRu}{2m} > 0$，使得存在最优利润 $\pi_T^{a*}\left(k = \dfrac{aRu}{2m}\right) > \pi_T^{a}\ (k = 0) = \pi_T^{*}$。因此 $\pi_T^{a*} > \pi_T^{*}$ 得证。

（3）由 $k^{a*} = \dfrac{aRu}{2m}$，易得推论 1。

由结论 1 可以看到，积分联盟模式下的系统总利润总是大于独立积分计划，说明积分联盟可以提高整个系统的总效益，这是因为在积分联盟模式下，由于积分运营商的努力，付出成本 mk^2 让联盟具备一个活跃度 k，k 使得积分联盟的积分使用率大于独立积分计划，这样会让联盟内使用积分的总人数变多，对所有零售商总体来说，在不改变售价的情况下销量会增加，这样零售商和制造商的销售收益就会增加，同时零售商让渡给回收商的收益 $hl_a S_i$ 就会增大，从而使得回收商收益增加，而成本 mk^2 由每个零售商分出部分利润给积分运营商以作运营费用。因此，在积分联盟模式下的系统总利润增加。

当 $k < k^{a*}$ 时，因 k 增加而带来的销量增加的利润大于付出的努力成本 mk^2，会使得积分联盟的系统总利润增加；当 $k > k^{a*}$ 时，因 k 的边际成本是增加的，此时 k 增加需要付出的成本大于因 k 增加而带来的销售利润的增加，积分联盟的系统总利润下降，如果 k 过大可能会导致积分联盟的系统总利润低于独立积分计划。积分运营商在实际运营时需要探寻合适的 k。最优解 k^{a*} 受到推论 1 所述几个变量的影响，这是因为不论是回收总人数的增加、积分运营商抽成的增加、活跃度影响系数的增加或是活跃度成本系数的减小，都会使得整个系统的收益增加，进而有更大的利润空间来提升 k。因此，积分联盟应当寻求更多的商家加盟，这样既可以增加回收总人数，也可以让消费者在使用积分时有更多的选择，进而培养消费者的积分使用习惯，进而更多的消费者会参与积分回收，为积分联盟带来更大的收益。

结论 2：在分散决策下，积分联盟模式下的制造商和回收商的利润均大于独立积分计划，即 $\pi_{ri}^{a*} > \pi_{ri}^*$，$\pi_{mi}^{a*} > \pi_{mi}^*$。对零售商 i 来说，若 $F\rho l_s (S_i^{a*} - S_i^*) - h(l_a S_i^{a*} - l_s S_i^*) - c_e > 0$，则 $\pi_i^{a*} > \pi_i^*$，否则存在 θ_i^*，使得若 $\theta_i > \theta_i^*$，则 $\pi_i^{a*} > \pi_i^*$；当 $\theta_i < \theta_i^*$ 时，零售商利润满足 $\pi_i^{a*} < \pi_i^*$。

证明：

由式（7.6）～（7.15）、式（7.24）～（7.34）得：

（1）由于 $l_a^* > l_s$，易得 $\pi_{ri}^{a*} > \pi_{ri}^*$，$\pi_{mi}^{a*} > \pi_{mi}^*$。

（2）独立积分计划和积分联盟下零售商的利润函数分别为：

$$\pi_i = (p_i - w_i)(\alpha_i - \beta_i p_i)(1 + \rho S_i l_s) - hl_s S_i$$
$$\pi_i^a = (p_i - w_i)D_i - hl_a S_i - a\theta_i Rl_a - c_e$$

由于要符合经济效益，$(p_i - w_i)(\alpha_i - \beta_i p_i)\rho S_i l_s > hl_s S_i$，$(p_i - w_i)(\alpha_i - \beta_i p_i)\rho Ruk > aRl_a$。

因此，v_i 越大，S_i 就越大，π_i 和 π_i^a 就越大。由上述

公式得到 $p_i^{a*}=p_i^*$ ，$w_i^{a*}=w_i^*$ ，$v_i^{a*}>v_i^*$ ，

令 $F=(p_i^*-w_i^*)(\alpha_i-\beta_i p_i^*)=(p_i^{a*}-w_i^{a*})(\alpha_i-\beta_i p_i^{a*})$

$$\pi_i^{a*}-\pi_i^*=F\rho l_s(S_i^{a*}-S_i^*)+F\theta_i\rho Ruk-h(l_a S_i^{a*}-l_s S_i^*)$$
$$-a\theta_i Rl_a-c_e$$

由之前的推导得出，

若 $F\rho l_s(S_i^{a*}-S_i^*)-h(l_a S_i^{a*}-l_s S_i^*)-c_e>0$，

此时无论 θ_i 取何值，均有 $\pi_i^{a*}>\pi_i^*$；

若 $F\rho l_s(S_i^{a*}-S_i^*)-h(l_a S_i^{a*}-l_s S_i^*)-c_e<0$，

则存在 $\theta_i^*=\dfrac{c_e+h(l_a S_i^{a*}-l_s S_i^*)-F\rho l_s(S_i^{a*}-S_i^*)}{\rho RukF-aRl_a}$

如果 $\theta_i>\theta_i^*$，得 $\pi_i^{a*}>\pi_i^*$；反之，$\pi_i^{a*}<\pi_i^*$。

由结论 2 可以知道由于积分联盟模式下积分使用率提高，回收商获得的由零售商给予的抽成增加，其利润上升；对制造商来说，积分使用率的提高使得产品销量增加，进而利润增加。对零售商 i 来说，如果由回收量带来的利润足够高，能弥补加入积分联盟带来的成本增加，那么无论 θ_i 取值多少，零售商 i 加入积分联盟都是有利的。但如果由回收量带来的利润无法弥补加入积分联盟带来的成本增加，那么就存在 θ_i^*。若零售商在联盟零售商中的竞争力 θ_i 不强，使得 $\theta_i<\theta_i^*$，则相较于独立积分计划由积分联盟带来的积分使用人数增加幅度不

大，但其又得承担更高的回收商抽成以及给积分运营商的抽成，零售商 i 增加的利润无法抵消增加的成本，其参与积分联盟时的利润并不高。在实际中，这样竞争力弱的零售商加入积分联盟反而不利，后期可能会退出联盟。积分联盟应当寻求产品差异不大的零售商，只有这样，才能够实现每一个零售商都享受到加盟带来的红利，实现共赢。

结论 3：在集中决策下，两种积分模式的最优回收量相同，即 $S_i^{ao} = S_i^{o}$；在分散决策下，回收商 i 积分联盟模式下的最优回收量大于独立积分计划下的最优回收量，即 $S_i^{a*} > S_i^{*}$。

证明：

由式（7.5）、式（7.17）、式（7.23）及式（7.37）可得：

$$S_i^{ao} = S_i^{o}$$

因为 $l_a^* > l_s$，所以得到：

$$S_i^{a*} = \lambda_i \left(\frac{hl_a^* + \Delta_i - c_{ti}}{4} + \frac{\rho l_s A_i}{32\beta_i} \right) > S_i^{*} = \lambda_i \left(\frac{hl_s + \Delta_i - c_{ti}}{4} + \frac{\rho l_s A_i}{32\beta_i} \right)$$

由结论 3 可知，集中决策下积分联盟的最优回收量和独立积分计划下的最优回收量相同，这是因为两种模式下零售商和回收商均不需要考虑由积分使用带来的抽成的影响。不论在哪一种模式下，均有基本的 l_s 来保证积分带来的销量增长，而积分联盟带来的额外销量增长不会影响关于积分价值的决策，两个模式在集中决策时最优积分价值相同，则最优回收量也相同。

在分散决策时，积分联盟下的积分使用率高于独立积分计划下的积分使用率，因此零售商给予回收商的利润分成随着积分使用率的提高而增加，这样回收商的利润空间增大，会让出部分利润以提高积分价值，从而使得回收量增加。在这样的决策模式下，回收商由回收量增加带来的积分成本增量小于积分使用率带来的抽成增量，因此回收商的总体利润会上升。在实际中，回收商加入积分联盟能够获得更大的利润，同时可以增加回收量，从经济和环保的角度考虑回收商加入积分联盟都是有利的。

结论 4：在积分联盟中，零售商销售的商品最优利润率（$p_i^{a*} - c_i$）越高，其在积分联盟内的竞争力越强，则整个系统的总利润越大。

推论 2：如果积分联盟内商家间的竞争力差异大，那么竞争力弱的零售商的利润可能会低于其在独立积分计划下的利润。

证明：

积分联盟下的系统总利润为

$$\pi_T = \Sigma\{(p_i - c_i)(\alpha_i - \beta_i p_i)[1 + \rho(S_i l_s + \theta_i Ruk)] + (\Delta_i - v_i - c_{ti})S_i\} - mk^2$$

产品 i 的最优利润率为 $p_i^{a*} - c_i = \dfrac{3(\alpha_i - \beta_i c_i)}{4\beta_i}$，此时，

$\theta_i(p_i^{a*} - c_i)$ 越大，系统总利润越大。因为 $\Sigma\theta_i = 1$，如果产品 i 和产品 j 满足 $p_i^{a*} - c_i > p_j^{a*} - c_j$，那么 θ_i 越大，θ_j 就会越小，系统总利润就越大。如果 $\theta_i \gg \theta_j$，使得 $\theta_j < \theta_j^*$，那么 $\pi_j^{a*} < \pi_j^*$。

由结论 4 可知，如果拥有积分的消费者更多的是在利润率高的商家处使用积分，那么这样能够增加积分联盟的总体利润，因此提升利润率高的零售商的竞争力对增加积分联盟总体利润而言是更有利的。但是如果积分联盟内零售商间的竞争力差异大，尽管积分联盟总体利润会提高，但是竞争力较弱的零售商的利润可能会低于其在独立积分计划下的利润，导致其退出积分联盟，这样消费者可以兑换的商品种类会减少，最终会让积分联盟的活跃度的成本系数增加，对积分联盟的整体健康不利。要保证一个积分联盟可持续、健康地运行，就必须

保证积分联盟内成员的利润，因此积分联盟一开始就应当把成员商家的竞争力因素纳入考量范畴，避免出现竞争力悬殊的产品，这样每个零售商的利润和系统总利润都能够增加。

结论 5：在积分联盟模式下，对于零售商 i 来说，存在 $\hat{\theta}_i$，当 $\theta_i > \hat{\theta}_i$，存在最优抽成 a^*，使得当 $a < a^*$ 时，零售商 i 的利润随着积分运营商的抽成 a 的增加而增加；当 $a > a^*$ 时，零售商 i 的利润随着抽成 a 的增加而减少。且 θ_i 越大，a^* 越大。对于积分运营商、回收商、制造商来说，抽成 a 越大，其利润均越大。

证明：

在积分联盟下，零售商利润对 a 求二阶导数，得到：

$$\frac{\partial^2 \pi_i^{a*}}{\partial a^2} = -\frac{R^2(8mu^2\theta_i + h^2u^4\lambda_i)}{8m^2} < 0,$$

其一阶导数为：

$$
\begin{aligned}
\frac{\partial \pi_i^{a*}}{\partial a} = \frac{1}{128m^2\beta_i} \Big\{ & 4mR\big[Ru^2\big(\rho(\alpha_i - \beta_i c_i)^2 - 32a\big) - 32ml_s\big]\theta_i \\
& - hRu^2\big[ml_s\big(32h\beta_i + \rho(\alpha_i - c_i\beta_i)^2\big) \\
& + 16\beta_i(ahRu^2 - mc_{ti} + m\Delta_i)\big]\lambda_i \Big\}
\end{aligned}
$$

在满足以下条件时存在 a^*，使得 π_i^{a*} 取最优值：

由假设可得，R 具备一定规模，因此

$$R > \frac{32ml_s\beta_i}{u^2\left[-32a\beta_i + \rho\left(\alpha_i - c_i\beta_i\right)^2\right]}$$

此时存在

$$\hat{\theta_i} = \frac{hu^2\left\{ml_s\left[32h\beta_i + \rho\left(\alpha_i - c_i\beta_i\right)^2\right] + 16\beta_i\left(ahRu^2 - mc_{ti} + m\Delta_i\right)\right\}\lambda_i}{-4m\left\{Ru^2\left[\rho\left(\alpha_i - \beta_ic_i\right)^2 - 32a\right] - 32ml_s\right\}},$$

使得 $\dfrac{\partial \pi_i^{a*}}{\partial a}\left(\theta_i = \hat{\theta_i}\right) = 0$，即当 $\theta_i < \hat{\theta_i}$ 时，$\dfrac{\partial \pi_i^{a*}}{\partial a} < 0$，此时无

最优解；当 $\theta_i > \hat{\theta_i}$ 时，有 $\dfrac{\partial \pi_i^{a*}}{\partial a} > 0$，存在

$$a^* = \frac{4m\left[-32ml_s\beta_i + Ru^2\rho\left(\alpha_i - c_i\beta_i\right)^2\right]\theta_i}{16Ru^2\beta_i\left(8m\theta_i + h^2u^2\lambda_i\right)},$$
$$\frac{-hmu^2\left\{l_s\left[32h\beta_i + \rho\left(\alpha_i - c_i\beta_i\right)^2\right] + 16\beta_i\left(-c_{ti} + \Delta_i\right)\right\}\lambda_i}{16Ru^2\beta_i\left(8m\theta_i + h^2u^2\lambda_i\right)},$$

使得 π_i^{a*} 取最优值，当 $a < a^*$ 时，$\dfrac{\partial \pi_i^{a*}}{\partial a} > 0$；当 $a > a^*$ 时，

$\dfrac{\partial \pi_i^{a*}}{\partial a} < 0$。由 a^* 表达式易看出，θ_i 越大，a^* 就越大。

对于制造商、回收商以及积分运营商而言，由利润函

数可得 $\dfrac{\partial \pi_{mi}^{a*}}{\partial a} > 0$，$\dfrac{\partial \pi_{ri}^{a*}}{\partial a} > 0$，$\dfrac{\partial \pi_y^{a*}}{\partial a} > 0$。

由结论 5 可知，积分运营商的抽成 a 越高，因为 $\dfrac{\partial k^*}{\partial a}>0$，所以最优的活跃度越高，这样积分联盟内积分使用率会提高，回收商从零售商处获得的抽成增加，利润上升；积分使用率提高，积分使用人数增加，销量就会增加，因此制造商的利润也会提高；k 的增加会使得积分运营商的运营成本增加，但同时从零售商处获得的抽成增加，后者大于前者，使得积分运营商的利润增加。

对零售商 i 来说，如果 $\theta_i<\hat{\theta}_i$，即该零售商的竞争力较弱，则此时因加入积分联盟而获得的销量增长无法抵消需要交给积分运营商的抽成和运营费用，其利润低于独立积分计划情景，此时加入积分联盟对于该零售商是不利的。若 $\theta_i>\hat{\theta}_i$，表示零售商 i 在积分联盟内具备一定的竞争力，积分运营商的单位抽成存在最优解 a^*，当 $a<a^*$ 时，随着抽成的增加，积分联盟的活跃度 k 增大，此时由活跃度提高带来的销售额增幅大于交给积分运营商的抽成的增幅，零售商 i 的利润会增加；当 $a>a^*$ 时，由活跃度提高带来的销售额增幅小于交给积分运营商的抽成的增幅，零售商 i 的利润会减少。

积分运营商对零售商的单位抽成 a 不是由某一个供应链成员决定的，而是由所有零售商和积分运营商协商决定的，或者说是由积分运营商在考虑零售商收益后决定的。积分运营商不能只考虑自己的收益而盲目提高 a，这样会让竞争力弱的零售商因无法承担加入积分联盟带来的额外成本而选择退出联盟。应当考察联盟内所有零售商的综合收益，让抽成费用不会影响到零售商的正常运作，同时也能获得一部分收益来提高积分联盟的活跃度，使得整个积分联盟处于健康运行的状态。

结论 6： 无论是独立积分计划还是积分联盟，零售商、制造商、回收商的利润以及回收量均随积分使用率 l_s 的增加而增加，随回收量对积分价值的敏感度 λ_i 的提高而增加，随销量对价格的敏感度 β_i 的提高而减少。零售商的利润随着回收商的抽成 h 的增加而减少，回收商、制造商的利润随 h 的增加而增加。积分运营商的利润随 l_s 的增加而增加。

推论 3： 积分价值 v_i 和转移价格 b_i 随 l_s 的提高而提高，v_i 随 h 的增加而提高，b_i 随 h 的增加而降低。

证明：

由各供应链成员的利润函数以及回收量函数可得：

对于积分使用率 l_s 来说，$\dfrac{\partial \pi_i^{a*}}{\partial l_s} > 0$，$\dfrac{\partial \pi_i^{*}}{\partial l_s} > 0$，$\dfrac{\partial \pi_{mi}^{a*}}{\partial l_s} >$

0，$\dfrac{\partial \pi_{mi}^{*}}{\partial l_s}>0$，$\dfrac{\partial \pi_{ri}^{a*}}{\partial l_s}>0$，$\dfrac{\partial \pi_{ri}^{*}}{\partial l_s}>0$，$\dfrac{\partial S_i^{a*}}{\partial l_s}>0$，$\dfrac{\partial S_i^{*}}{\partial l_s}>0$，$\dfrac{\partial v_i}{\partial l_s}>0$，

$\dfrac{\partial b_i}{\partial l_s}>0$。

对于积分价值敏感度 λ_i 来说，$\dfrac{\partial \pi_i^{a*}}{\partial \lambda_i}>0$，$\dfrac{\partial \pi_i^{*}}{\partial \lambda_i}>0$，

$\dfrac{\partial \pi_{mi}^{a*}}{\partial \lambda_i}>0$，$\dfrac{\partial \pi_{mi}^{*}}{\partial \lambda_i}>0$，$\dfrac{\partial \pi_{ri}^{a*}}{\partial \lambda_i}>0$，$\dfrac{\partial \pi_{ri}^{*}}{\partial \lambda_i}>0$，$\dfrac{\partial S_i^{a*}}{\partial \lambda_i}>0$，$\dfrac{\partial S_i^{*}}{\partial \lambda_i}>0$。

对于销量对价格的敏感度 β_i 来说，$\dfrac{\partial \pi_i^{a*}}{\partial \beta_i}<0$，$\dfrac{\partial \pi_i^{*}}{\partial \beta_i}<0$，

$\dfrac{\partial \pi_{mi}^{a*}}{\partial \beta_i}<0$，$\dfrac{\partial \pi_{mi}^{*}}{\partial \beta_i}<0$，$\dfrac{\partial \pi_{ri}^{a*}}{\partial \beta_i}<0$，$\dfrac{\partial \pi_{ri}^{*}}{\partial \beta_i}<0$，$\dfrac{\partial S_i^{a*}}{\partial \beta_i}<0$，$\dfrac{\partial S_i^{*}}{\partial \beta_i}<0$。

对于零售商给回收商的分成 h 来说，$\dfrac{\partial \pi_i^{a*}}{\partial h}<0$，$\dfrac{\partial \pi_i^{*}}{\partial h}<0$，

$\dfrac{\partial \pi_{mi}^{a*}}{\partial h}>0$，$\dfrac{\partial \pi_{mi}^{*}}{\partial h}>0$，$\dfrac{\partial \pi_{ri}^{a*}}{\partial h}>0$，$\dfrac{\partial \pi_{ri}^{*}}{\partial h}>0$，$\dfrac{\partial S_i^{a*}}{\partial h}>0$，$\dfrac{\partial S_i^{*}}{\partial h}>0$，$\dfrac{\partial v_i}{\partial h}>0$，

$\dfrac{\partial b_i}{\partial h}<0$。

由结论 6 可知，不论是积分联盟还是独立积分计划，基本上积分使用率 l_s 增加，会使得销量增加，零售商给回收商的收益也会增加，这样回收商会有更大的利润空间提高 v_i，使得回收量增大，进而使得 b_i 增大，但是制造

商利润中由销量带来的部分与回收量增加带来的成本节约部分大于 b_i 增大带来的成本增加部分，因此零售商、制造商、回收商的利润均增加，回收量也会增加；随积分价值敏感度 λ_i 的提高，积分价值不变的情况下回收量会增加，使得回收商的利润增加，此时积分拥有人数增加，制造商和零售商的利润增加；随销量对价格的敏感度 β_i 的提高，在价格不变的情况下，销量减少，导致零售商和制造商的利润减少，制造商给零售商的转移价格会降低，从而使得回收商降低积分价值，使得回收量和回收商的利润减少；随着零售商给回收商的抽成 h 增加，回收商获得的利润增加，会让出一部分利润用以提升积分价值进而增加回收量，由于回收商的积分成本由分成弥补，制造商降低转移价格，此时制造商的利润会增加，而回收量增加是由零售商给予回收商的抽成带来的，因此零售商因抽成 h 增加而带来的成本上涨部分大于回收量增加带来的销量增加部分，故而利润减少。

7.4 小结

本章基于我国 WEEE 回收激励不足问题，引入独立积分计划和积分联盟两种模式，分别构建独立积分计划和积分联盟模式下的闭环供应链模型，对分散和集中决策进行了模型求解与分析。首先比较了不同积分模式下供应链总利润，发现积分联盟模式优于独立积分计划，在这个基础上，进一步比较了各个供应链主体的利润，制造商和回收商的利润表现均在积分联盟模式下更优，但是对于零售商来说，如果零售商 i 相较于积分联盟内其他零售商竞争力较弱，那么零售商 i 的利润在积分联盟情景下反而不如独立积分计划情景。

同时，对积分联盟运营进行了分析，首先是积分运营商的抽成方面，结论表明适当的抽成能够促使积分运营商提升积分联盟的活跃度，但是不同零售商所能承担的最优抽成是不同的，竞争力越强的零售商承受力越大。其次对积分联盟的盈利情况进行了探究，发现积分联盟如果引入单个产品利润率高且竞争力强的零售商，能够增加积分联盟的整体利润，但是这样也会导致竞争力弱的零售商利润减少从而选择退出积分联盟。

第 8 章　政府补贴下闭环供应链模型研究

鉴于 WEEE 回收积分制度的有效性，亟须予以推广和实施。因此，适当发挥政府的作用，利用补贴等形式来激励消费者参与 WEEE 回收，有利于引导回收产业的健康发展。政府补贴形式多样，不同补贴策略的效果不同，本章将比较不同的补贴策略，分析其在回收积分制度下的优劣，进而寻找最优补贴策略，为政府制定补贴政策提供理论支撑。

8.1　政府补贴策略

引导消费者积极参与 WEEE 回收，政府主要有以下几种策略可选择。

8.1.1　补贴政策

这种补贴政策较为普遍，政府对目标主体提供资金支持，以达到扶持企业或是增加社会总体效益的目的。受补贴的主体，有了资金上的补足，能够更好地开展回收活动，提高回收量。补贴不同的主体，带来的效果也可能不同，Yu 等考虑了前端销售中针对不同主体的补贴情景，探究了在不同目标下补贴策略的变化。[①]

8.1.2 环保宣传

WEEE 回收以及再利用是当前我国实现碳达峰碳中和目标的重要环节，通过对"双碳"目标的宣传、环保知识普及、法规政策引导，提升消费者的环保意识，深化其对 WEEE 回收必要性的认知，这样可以增强消费者的回收意向，从而提高回收量。

8.1.3 达标奖惩模式

以回收商为例，政府可以为回收商设立回收目标，以此为依据进行差额奖惩，对达到标准后的超额部分进行奖励，对未达标的部分予以惩罚。[②] 政府通过采取措施激励

① Yu J. J., Tang C. S., Shen Z. J. M., "Improving Consumer Welfare and Manufacturer Profit Via Government Subsidy Programs: Subsidizing Consumers or Manufacturers?" *Manufacturing and Service Operations Management*, 2018, 20 (4): 752-766.

② Mitra S., Webster S., "Competitive Strategy in Remanufacturing and the Impact of Take-back Laws," *Journal of Operations Management*, 2007, 25 (6): 1123-1140.

回收商提高回收量。当然，被激励的主体可以是制造商，如对制造商再制造目标值进行限制，也可以是消费者，如规定 WEEE 必须回收，否则予以罚款等，但针对个人的激励措施实施起来难度较大，也不易操作。

8.2　模型描述

本模型是包含了 WEEE 回收的闭环供应链模型，政府政策激励的目标是增加社会效益与环境效益，因此补贴对象与回收相关。由于我国回收行业发展形势严峻，达标类激励政策可能会引发惩罚策略的出现，从而加重回收商运营的负担，因此本研究考虑补贴策略和环保宣传两种政策激励模式。

第一种是基于回收量的补贴，即每增加单位回收量给予固定数额的补贴，如果补贴不限额的话，回收量越大单位补贴额就越高；如果补贴限额的话，随着回收量的增加，则单位补贴金额会降低。这种补贴模式下有三类补贴对象，分别是消费者、回收商及制造商。因补贴对象的不同，政策效果可能会有所不同，因此本研究将基于回收量对不同主体补贴所带来的效果进行比较，以找出最优的补贴对象。

第二种补贴模式是环保宣传。一些学者的研究证实了国家推动环保知识的传播能够促进消费者参与回收，从个人层面来说，消费者环保意识的增强同样可以提升其对环保价值的关注程度，进而增强回收意愿。[①] 因此，结合上述学者的研究成果，得到环保宣传补贴模式下的回收量函数 $S_i = (\lambda_i + \epsilon) v_i$。其中，$\epsilon$ 表示政府环保宣传对消费者回收行为的影响。这种补贴模式区别于第一种直接以经济利益为切入点驱使供应链回收量增加，而是以间接的形式，从回收积分系统、环保知识的宣传等入手来促使人们参与回收。通过宣传回收积分系统，让更多的人了解回收积分的概念与用途，深化消费者对回收积分系统的认知，进而促使一部分人参与回收；同时通过对环保知识的宣传，增强人们的环保意识，进而影响其参与回收意向，提

---

① Guerin D., Crete J., Mercier J., "A Multilevel Analysis of the Determinants of Recycling Behavior in the European Countries," *Social Science Research*, 2001, 30 (2): 195-218; Abbott A., Nandeibam S., O'Shea L., "Explaining the Variation in Household Recycling Rates across the UK," *Ecological Economics*, 2011, 70 (11): 2214-2223; Latif S. A., Omar M. S., Bidin Y. H., Awang Z., "Environmental Values as a Predictor of Recycling Behavior in Urban Areas: A Comparative Study," *Procedia-Social and Behavioral Sciences*, 2012 (50): 989-996; Botetzagias I., Dima A. F., Malesios C., "Extending the Theory of Programmed Behavior in the Context of Recycling: The Role of Moral Norms and of Demographic Predictors," *Resources, Conservation and Recycling*, 2015 (95): 58-67.

高其对回收积分系统的认可度。

本研究将对以上两种补贴模式进行比较，探讨各自优劣，以找出最优的补贴方式，使社会效益与环保效益最大化。

此外，本书研究的这两种补贴策略旨在通过增加回收量对整体供应链进行改善，独立积分计划和积分联盟这两种积分模式下补贴策略的横向比较是一致的，因此本章将以独立积分计划为主要研究模式，待后续选定了最优补贴模式后再进一步探讨独立积分计划和积分联盟的优劣。

8.3　不同补贴模式下闭环供应链模型分析

8.3.1　回收量补贴

本研究分析比较了针对制造商、回收商和消费者实施的补贴策略。假定每回收一件 WEEE，给回收商的补贴为 g_1，给制造商的补贴为 g_2，给消费者的补贴为 g_3。补贴政策的最终目标是使供应链成员总利润、消费者剩余及环境效益之和最大化。

为方便计算，令需求对价格的敏感系数 $\beta_i = 1$，需求函数为 $(\alpha_i - p_i)(1 + \rho S_i l_s)$，零售商的利润函数不变，得到 $p_i^* = (w_i + \alpha_i)/2$。

首先是仅补贴回收商，回收商 i 的利润函数相较于式（7.8）增加了政府补贴费用 $g_1 S_i$，其利润函数为：

$$\pi_{ri} = (b_i - v_i - c_{ti} + g_1) S_i + h l_s S_i$$

$$(i = 1, 2, \cdots, n)$$

$$(8.1)$$

令 $\dfrac{\pi_{ri}}{\partial v_i} = 0$，得：

$$v_i^* = \frac{1}{2}(b_i - c_{ti} + g_1 + h l_s)$$

制造商的利润函数也不变，将 p_i^* 和 v_i^* 代入式（7.10），分别对 w_i 和 b_i 求导，令 $A_i = (\alpha_i - c_i)^2$，得到：

$$w_i^* = \frac{1}{2}(c_i + \alpha_i)$$

$$b_i^* = \frac{1}{16}\left[\rho l_s A_i + 8(\Delta_i + c_{ti} - g_1 - h l_s)\right]$$

政府的补贴目标函数由社会效益和环保效益两部分构成，其中社会效益包含制造商利润、零售商利润、回收商利润以及消费者剩余，其目标函数为：

$$\pi_T = \pi_i + \pi_{ri} + \pi_{mi} + \pi_c + x S_i$$

$$(i = 1, 2, \cdots, n)$$

$$(8.2)$$

其中，π_c 为消费者剩余，$\pi_c = (\alpha_i - p_i)\,D_i/2 + v_i S_i/2$，由购买和回收带来的剩余组成；$x$ 为环保效益系数。将 $(p_i^*, w_i^*, v_i^*, b_i^*)$ 代入式（8.2），令 $Z_i = hl_s + \Delta_i - c_{ti}$，得到：

$$\pi_T(g_1) = \frac{7A_i}{32} + \frac{\lambda_i[\rho l_s A_i + 8(Z_i + g_1)]}{\{8[7(g_1 - c_{ti} + \Delta_i) + 8x - hl_s] + 13\rho l_s A_i\}}{2048}$$

$$(8.3)$$

此补贴模式下回收量 $S_i(g_1) = \dfrac{1}{32}\lambda_i\,[\rho l_s A_i + 8\,(Z_i + g_1)]$，则政府的补贴费用为 $\pi_x(g_1) = g_1 S_i = \dfrac{1}{32}\lambda_i g_1\,[\rho l_s A_i + 8\,(Z_i + g_1)]$。将政府的补贴成本考虑进去，总收益为：

$$G(g_1) = \pi_T(g_1) - \pi_x(g_1)$$

其次是仅补贴制造商，制造商从回收商处每多回收一件产品，补贴为 g_2。制造商的利润函数为：

$$\pi_{mi} = (w_i - c_i)\,D_i + (g_2 + \Delta_i - b_i)\,S_i$$
$$(i = 1, 2, \cdots, n)$$
$$(8.4)$$

由于零售商和回收商的利润函数相较于式（7.6）和式（7.8）不变，因此 $v_i^* = (b_i - c_{ti} + hl_1)\,/2$。将 p_i^* 和 v_i^*

代入式（8.4），分别对 w_i 和 b_i 求一阶条件，得到：

$$w_i^* = \frac{1}{2}(c_i + \alpha_i)$$

$$b_i^* = \frac{1}{16}[\rho l_s A_i + 8(\Delta_i + c_{ti} + g_2 - hl_s)]$$

将（p_i^*，w_i^*，v_i^*，b_i^*）代入式（8.2），得到：

$$\pi_T(g_2) = \frac{7A_i}{32} + \frac{\lambda_i[\rho l_s A_i + 8(Z_i + g_2)]\{8[7(g_2 - c_{ti} + \Delta_i) + 8x - hl_s] + 13\rho l_s A_i\}}{2048}$$

$$(8.5)$$

此补贴模式下回收量 $S_i(g_2) = \frac{1}{32}\lambda_i[\rho l_s A_i + 8(Z_i + g_2)]$，则政府的补贴费用为 $\pi_x(g_2) = g_2 S_i = \frac{1}{32}\lambda_i g_2[\rho l_s A_i + 8(Z_i + g_2)]$。将政府的补贴成本考虑进去，总收益为：

$$G(g_2) = \pi_T(g_2) - \pi_x(g_2)$$

最后是仅补贴消费者，消费者每参与回收一件废弃电子产品，政府将给予 g_3 积分价值作为补贴。此时，回收量函数为 $S_i = \lambda_i(v_i + g_3)$。回收量函数的改变不影响零售商的决策，因此 $p_i^* = (w_i + \alpha_i)/2$。

回收商的利润函数相较于式（7.8）不变，令 $\dfrac{\pi_{ri}}{\partial v_i}=0$，

得到 $v_i^{*}=\dfrac{1}{2}(b_i-c_{ti}-g_3+hl_1)$。将 p_i^{*} 和 v_i^{*} 代入式（8.4），

分别对 w_i 和 b_i 求一阶条件，得到：

$$w_i^{*}=\frac{1}{2}(c_i+\alpha_i)$$

$$b_i^{*}=\frac{1}{16}\left[\rho l_s A_i+8(\Delta_i+c_{ti}-g_3-hl_s)\right]$$

此时消费者剩余 $\pi_c=(\alpha_i-p_i)D_i/2+(v_i+g_3)S_i/2$，相较于上文，增加了补贴带来的效益。将（$p_i^{*}$，$w_i^{*}$，$v_i^{*}$，$b_i^{*}$）代入式（8.2），得到：

$$\pi_T(g_3)=\frac{7A_i}{32}+\frac{\lambda_i\left[\rho l_s A_i+8(Z_i+g_3)\right]\left\{8\left[7(g_3-c_{ti}+\Delta_i)+8x-hl_s\right]+13\rho l_s A_i\right\}}{2048}$$

$$(8.6)$$

此补贴模式下回收量 $S_i(g_3)=\dfrac{1}{32}\lambda_i\left[\rho l_s A_i+8(Z_i+g_3)\right]$，则政府的补贴费用为 $\pi_x(g_3)=g_3 S_i=\dfrac{1}{32}\lambda_i g_3\left[\rho l_s A_i+8(Z_i+g_3)\right]$。将政府的补贴成本考虑进去，总收益为：

$$G(g_3) = \pi_T(g_3) - \pi_x(g_3)$$

可以看出，当仅补贴消费者、制造商或回收商时，若 $g_1 = g_2 = g_3$，则三种补贴对象总效益相同，且政府的补贴花费也相同，即 $G(g_1) = G(g_2) = G(g_3)$，因此得到以下结论。

结论 7：政府对单个回收产品予以现金补贴时，不论是补贴消费者、制造商或回收商，补贴效果均相同，即在单位补贴金额相同的情况下，三种补贴方式对总效益（社会效益和环境效益）的影响相同，同时政府的支出也相同。

由结论 7 可以知道，在基于回收量进行单位补贴时，无论补贴主体是消费者、制造商或回收商，补贴带来的经济效益和环境效益都是相同的，这是因为补贴消费者时，实际相当于提高了回收价格，直接吸引了更多的消费者参与回收；补贴回收商时，回收商获得了额外的收益，会通过提升积分价值 v_i 来促进回收量增加；当补贴制造商时，制造商会将获得的收益通过提高给予回收商的转移价格 b_i 来促使回收商提高积分价值，进而增加回收量。因此，这三种补贴模式对社会总效益的影响是相同的，政府如果要实行基于回收量的补贴，选择任一主体均可，在实际情况中，可以基于补贴政策实施难度等来选择补贴对象。

结论 8：在实行基于回收量的补贴政策时，积分联盟比独立积分计划能带来更大的总体效益。

鉴于补贴额度相同时，增加的回收量也相同，对于独立积分计划或积分联盟而言并不会影响到具体的结论。从前文研究可以发现，积分联盟的积分使用率高于独立积分计划，因此补贴会使得参与回收人数增加，即拥有积分的人数增多，进而导致积分联盟使用积分的人数增幅大于独立积分计划，这将有利于增加更多的经济效益。因此，在积分联盟模式下实行补贴策略的效果要优于独立积分计划。当然，对于竞争力弱的零售商来说，加入积分联盟可能不如独立积分计划，这一结论在讨论补贴政策时也是适用的，即对于竞争力弱的零售商而言在独立积分计划下实行补贴政策会更优。但是补贴积分联盟对政府来说仍是更优的选择，并且竞争力弱的零售商可以利用补贴来增强自身竞争力，实现良性循环。

8.3.2　宣传补贴

本部分探究的补贴模式是政府对 WEEE 回收、环保以及积分知识进行宣传和普及，提升消费者的环保意识，让消费者更加重视 WEEE 回收问题，更了解积分机制，进而影响其对回收积分价值的敏感度，让更多的消费者参与回收。

由前文得到的回收量函数为：

$$S_i = (\lambda_i + \epsilon) v_i \tag{8.7}$$

政府宣传的成本为 $\pi_x(g_4) = f\epsilon^2$。其中，f 表示宣传的成本系数，ϵ 表示增加的消费者对回收积分的敏感度。

宣传补贴仅改变回收量函数，供应链各成员的利润函数均不变，经求解易得其最优解与独立积分计划下最优解相同，即 $p_i^* = (c_i + 3\alpha_i)/4$，$w_i^* = (c_i + \alpha_i)/2$，$v_i^* = (8\beta_i Z_i + \rho l_s A_i)/32$，$b_i^* = [\rho l_s A_i + 8(c_{ti} + \Delta_i - h l_s)]/16$。

将 $(p_i^*, w_i^*, v_i^*, b_i^*)$ 代入式（7.2），得到总效益：

$$\pi_T(g_4) = \frac{7A_i}{32} + \frac{(\lambda_i + \epsilon)(\rho A_i l_s + 8Z_i)(13\rho A_i l_s + 72Z_i + 64x - 64h l_s)}{2048} \tag{8.8}$$

此补贴模式下回收量 $S_i(g_4) = \frac{1}{32}(\lambda_i + \epsilon)(\rho l_s A_i + 8Z_i)$，将政府补贴成本考虑进去，总收益为：

$$G(g_4) = \pi_T(g_4) - \pi_x(g_4)$$

结论 9： 存在一个补贴界限 M^*，当 $M < M^*$ 时，有 $G(g_4) > G(g_3)$；当 $M > M^*$ 时，$G(g_4) < G(g_3)$，且这个补贴界限 M^* 随 λ_i 的提高而增大。

证明： 在基于回收量进行补贴时，补贴制造商、回收商及消费者的总体效用相同，下文仅比较补贴消费者和补贴宣传。两种补贴策略总收益之差为：

$$G(g_4) - G(g_3) = \frac{\epsilon(\rho A_i l_s + 8Z_i)}{2048}(13\rho A_i l_s + 72Z_i + 64x - 64hl_s) - f\epsilon^2 - \frac{\lambda_i g_3(3\rho A_i l_s + 12Z_i + 16x - 16hl_s - 2g_3)}{64}$$

$$(8.9)$$

补贴费用为 $\dfrac{1}{32}g_3\lambda_i\left[\rho l_s A_i + 8(Z_i + g_3)\right] = f\epsilon^2 = M$。

可以看出，当 M 较小的时候，即 $M < M^*$ 时，g_3 较小，而 ϵ 在前期边际成本还未增加到一定程度时，$G(g_4) - G(g_3) > 0$；当 M 较大时，由于 f 较大，ϵ 的增幅比不上 g_3，$G(g_4) - G(g_3) < 0$。

随着 λ_i 增加，由于固定补贴 M，单位补贴 g_3 下降，这样会使得 $G(g_4) = G(g_3)$ 的点向右移动，即 M^* 增大。由于具体的 M^* 表达求解困难，将在后文的数值模拟中进行验证。

由结论 9 可知，当补贴额度不大时，基于回收量的单位补贴会较小，对回收量影响不大，而宣传补贴效果 ϵ 在补贴额度低时提升得会更快一些，此时补贴宣传的效果会优于补贴回收量；而当补贴额度较大时，由于宣传的成本系数 f 较大，ϵ 的边际成本递增，后期在提升速率上不如单位回收产品补贴 g_3，这个时候补贴回收量的效果会更好。如果消费者对回收积分价值的敏感程度 λ_i 提高，则在积分价值 v_i 不变的情况下，消费者对积分的感知价值会上升，进而导致回收量上升，这样使得在固定补贴 M 下，基于回收量的补贴 g_3 会降低，只有 M 进一步增大，才能够保证补贴回收量优于补贴宣传。

其实对于政府来说，两种补贴政策都属于递进关系。当消费者对于环保和积分的总体认知度还不高时，自然不会主动参与回收，此时直接补贴现金，反而可能会让消费者更加注重经济效益而忽视环保效益，一旦没有了补贴，WEEE 回收情况可能又回到初始水平，甚至更差，因此政府应大力宣传回收、环保以及积分系统相关知识，提升消费者的环保意识，从根本上让其认识到 WEEE 回收的必要性，让回收工作开展得更顺利。而一旦宣传达到一定程度，消费者就会具备一定的环保意识、对回收积分系统较了解，这时应开展基于回收量的补贴，培养消费者的回收习惯，之后就算没有了补贴，由于消费者的环保意识增强，回收量下降幅度也不会太大，至少可能高于之前没有补贴时。因此，政府应当在不同阶段实行不同的补贴政策，综合使用各类补贴政策以使经济效益和环境效益最大化。

结论 10：在采取宣传补贴策略时，积分联盟较独立积分计划总体效益更优。

证明：补贴宣传主要改变的是消费者对于回收积分价值的敏感度，进而改变回收量，回收量函数为 $S_i = (\lambda_i + \epsilon) \, v_i$。由于积分联盟模式下积分使用率更高，即 $l_a^* > l_s$，这样参与回收的消费者在积分联盟模式下会更多地使用积分，从而增加电子产品的销量，进而增加总体利润。

由结论 10 可以知道，对环保知识和积分系统的宣传有利于消费者更多地参与回收，而在积分联盟模式下消费者的积分使用率更高，因此宣传补贴后，积分联盟的总体效益大于独立积分计划。因此，建议政府可以适当地给予积分联盟一些支持政策，这样不仅能够提高企业和消费者的效益，还能够激励积分运营商开展宣传，进而降低宣传成本、提升宣传效果。

8.4 数值模拟

为了验证上述分析，直观阐述一些重要结论，本部分将进行数值模拟，对各个参数进行赋值，并求解相关利润函数后予以制图分析。

对商品 i 的相关参数设置为市场规模 $\alpha_i = 200$，回收积分对销量的增长影响 $\rho = 0.05$，独立积分计划下积分使用率 $l_s = 0.2$，零售商给予回收商的补贴 $h = 10$，回收商的运输处理成本 $c_{ti} = 2$，制造商再制造的成本节约 $\Delta_i = 20$，制造新产品的成本 $c_i = 40$，环保效益参数 $x = 2$，宣传成本系数 $f = 500$。

为进行具体的数值分析，设置不同的消费者对积分价值的敏感度 λ_i，分别取 0.2、0.5、0.8，观察在不同的 λ_i 下，宣传补贴和基于回收量补贴两种策略随着总补贴费用 M 的增加，总效益是如何变化的，具体结果如图 8.1 所示。

由图 8.1、图 8.2、图 8.3 可以发现，当总补贴费用较小时，利用宣传补贴带来的社会总效益大于基于回收量补贴，验证了之前的结论，即存在补贴界限 M^*，当总补贴费用 M 比这个界限低时，政府利用补贴对环保进行宣传是更优的选择；而当总补贴费用 M 比这个界限高时，基于回收量补贴策略优于宣传补贴策略。

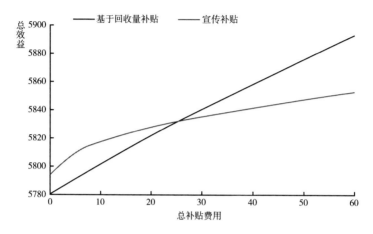

图 8.1　补贴收益（$\lambda_i = 0.2$）

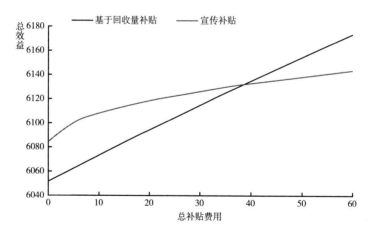

图 8.2　补贴收益（$\lambda_i = 0.5$）

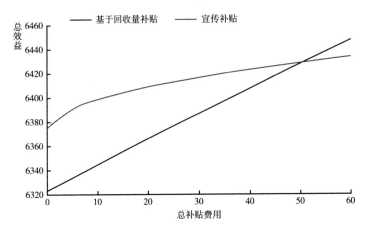

图 8.3　补贴收益（$\lambda_i = 0.8$）

还可以发现，两种补贴策略的总效益差值正负变化的补贴界限 M^* 是不同的，临界点随着 λ_i 的增大而向右移动，即补贴界限 M^* 增大。这说明随着消费者对积分价值的敏感程度上升，基于回收量补贴的效果要超过宣传补贴的效果，就需要更高的总补贴费用。随着 λ_i 的增大，在总补贴费用较小时，宣传补贴与基于回收量补贴带来的最大总效益的差值不断增大，这表明消费者对 WEEE 回收积分系统的认识度越高，宣传补贴的效果就越好。

对补贴策略在两种积分模式下的效果进行模拟，以两个零售商、回收商、制造商来模拟积分联盟，相关参数设置为 $\alpha_1 = 200$，$\alpha_2 = 150$，$\rho = 0.05$，$l_s = 0.2$，$h = 10$，$c_1 =$

40，$\Delta_1 = 20$，$c_{t1} = 2$，$c_2 = 30$，$\Delta_2 = 15$，$c_{t2} = 2$，$f = 500$，$\lambda_1 = 0.4$，$\lambda_2 = 0.5$，$x = 2$，活跃度对积分使用率的影响系数 $u = 0.7$，零售商给予积分运营商的分红 $a = 5$，零售商加入积分联盟的加盟费 $c_e = 25$，积分联盟活跃度的成本系数 $m = 100$，在积分联盟中零售商 1 的竞争力 $\theta_1 = 0.6$，零售商 2 的竞争力 $\theta_2 = 0.4$。

在积分联盟下，政府实行基于回收量补贴政策，能够提升参与回收的消费者的效益（经济或者环保效益），使参与回收人数增加，由于本研究的模型将回收人数 R 设为具有一定规模的常数，为体现出补贴政策对回收人数的影响，此处数值模拟中设 R_1 和 R_2，R_1 表示无补贴政策时积分联盟下参与回收人数，R_2 表示补贴政策下参与回收人数。令 $R_1 = 9$，R_2 的变化对补贴效果的影响如图 8.4 和图 8.5 所示。

可以看到，在积分联盟下，补贴政策下的回收人数 R_2 小于无补贴政策时的回收人数 R_1，补贴政策在积分联盟的效果反而不如独立积分计划。但是在实际情况中，只要积分联盟的运营正常，补贴政策能够增大消费者参与回收获得的收益，补贴政策下的回收人数 R_2 大于无补贴政策时的回收人数 R_1，因此积分联盟的补贴政策效果优于补贴独立积分计划。

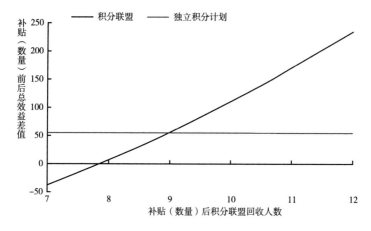

图 8.4　（数量）补贴效果

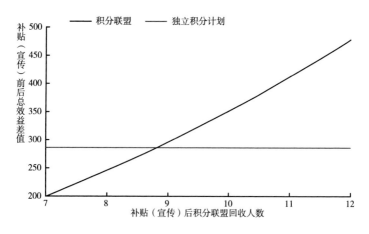

图 8.5　（宣传）补贴效果

表 8.1 为具体的算例，令 $R_1 = 9$，$R_2 = 10$，进而比较政府针对独立积分计划和积分联盟实行不同补贴策略的效果。

表 8.1 两种积分模式的补贴效果

项目	独立积分计划	积分联盟
无补贴	9286.20	9525.11
基于回收量补贴（$g_1 = 5$）	9340.90	9634.00
差值 1（基于回收量补贴与无补贴）	54.70	108.89
宣传补贴	9572.13	9874.84
差值 2（宣传补贴与无补贴）	285.93	349.73

可以发现，无论政府选择基于回收量补贴还是宣传补贴，积分联盟的社会总效益均大于独立积分计划，对政府来说，对积分联盟进行补贴带来的收益更大，应当对积分联盟的成立和运营给予一定的支持。

8.5 小结

本章探讨了不同的补贴策略对积分机制下闭环供应链的影响，比较分析了不同的补贴策略对供应链总效益的影响，补贴策略分别为基于回收量补贴和宣传补贴，其中基于回收量补贴又分为补贴消费者、回收商及制造商。结论表明，不论是哪一种补贴策略，积分联盟的效果均优于独立积分计划。而在政府补贴的纵向比较方面，面向不同补贴对象，基于回收量补贴带来的社会总体效益都是相同的，即只要是补贴单位回收 WEEE，不论是补贴消费者、回收商或制造商效果均相同。不过宣传补贴和基于回收量补贴因补贴额度以及消费者对回收积分价值的敏感程度 λ_i 不同而有所差别，当政府补贴费用较小时（$M<M^*$），宣传补贴的效果优于基于回收量补贴；但当补贴费用增大到一定程度时（$M>M^*$），基于回收量补贴会优于宣传补贴。结果还发现，补贴界限 M^* 随着消费者对回收积分价值的敏感度 λ_i 的提高而增加。

第9章　研究结论与政策建议

9.1　研究结论

本书探讨在"互联网+"时代下将营销领域用于提升客户忠诚度的积分制度引入电子产品回收产业，形成"互联网+回收积分制度"的创新资源回收模式，并分析了该模式下消费者回收行为的转变以及以此构成的闭环供应链各主体的最优决策。本书主要结论如下。

消费者参与回收的影响因素研究表明，消费者的行为态度、主观规范、知觉行为控制与环保价值态度对其参与回收意向具有显著的正向作用，其中行为态度的影响最大，其次是知觉行为控制；消费者的经济价值态度对其回收意向具有显著的负向作用；回收意向对实际回收行为具有显著的正向作用。

积分制度对消费者参与回收的影响研究表明，积分制度对消费者环保倾向有一定引导作用；在参与回收意向方面，消费者的回收意向与积分回收意向之间存在正相关关系，且积分制度的引入增强了消费者的回收意向；在类型方面，消费者在积分制度下环保意识更强，同时，积分制度使消费者类型发生改变，会更加环保、更加理性。

在"互联网+"时代的传统和网络双渠道回收背景下，影响消费者对回收渠道选择的因素包括：消费者的感知易用性、感知有用性、感知收益和感知时间成本直接对消费者网络回收态度产生影响；回收渠道的便利性、实用性、容易使用、时间成本低均是吸引消费者的重要因素，合理的回收价格让消费者的感知收益增加、体验感更好；感知风险对消费者的网络回收态度有显著的负向影响；消费者行为态度、主观规范及知觉行为控制均正向影响消费者网络回收渠道选择意向。

对于积分制度下闭环供应链的研究表明，引入积分制度后，在满足一定条件（即积分对回收量影响足够大）时，WEEE 回收量增加，消费者参与回收获得的收益大于无积分制度情景，制造商、零售商、第三方回收商以及供应链系统总利润均增加；在任何条件下，积分制度加之政府补贴，可以最大限度地调动消费者参与 WEEE 回收的积极性，进而使供应链各主体及整个供应链系统利润增加；绿色闭环供应链系统下，应设定合理的积分价值率，以提高 WEEE 回收量，增加供应链各成员的利润。

基于"互联网 + 回收"，将积分联盟与独立积分计划引入 WEEE 闭环供应链，对比发现，积分联盟下除零售商外，供应链中其他主体及供应链总体利润均优于独立积分计划，零售商利润变化受其竞争力影响，如果零售商相较于积分联盟内其他零售商竞争力差异过大，那么在积分联盟模式下零售商的利润反而不如独立积分计划；积分联盟模式下回收量大于独立积分计划模式；积分运营商对零售商存在最优抽成，为此其加大投入以提高积分联盟活跃度，但不同零售商所能承担的最优抽成不同，竞争力越强的零售商承受力越大，而竞争力弱的企业没有此承受力；积分运营商在组建积分联盟时，应吸引一些盈利率高且竞争力强的零售商加盟，以提高积分联盟总体利润，但对于积分联盟内竞争力弱的零售商来说，其利润可能会因加入积分联盟而下降。

政府对 WEEE 回收积分机制的补贴，可以促进该创新资源回收模式健康发展，让更多的消费者参与 WEEE 回收。对于不同补贴对象而言，基于回收量补贴效果相同，即对社会总效益（经济效益和环境效益）而言没有差异，而基于宣传补贴的效果因补贴额度不同而有所区别；对比两种补贴模式，当补贴额度较小时，宣传补贴更有利，反之，当补贴额度较大时，基于回收量补贴更有利；政府补贴效果方面，积分联盟优于独立积分计划，经济和环境效益可实现"双提升"。

9.2 政策建议

9.2.1 针对回收积分制度的建议

9.2.1.1 依据消费者类型分类实施积分激励制度

根据消费者类型的不同，为其设置合适的积分兑换内容或条件，如经济型消费者更偏好兑换与经济利益相关的服务，可考虑返还现金以及兑换商品等，而环保型消费者更希望兑换与生活相关的服务，可考虑维修服务以及环保商品折扣等，这样可以增强不同类型消费者参与回收的积极性。

9.2.1.2 积分价值率的设定要适当

需要结合市场情况设定积分价值率，同时不能影响正常的回收价格。首先相较于接受溢价的程度，消费者对于回收行为损失的接受度较低。其次，积分价值率设定过低，对于消费者的激励程度则较小，对回收量的影响较小，从而不会促进 WEEE 的回收量增加；设定过高，则会影响制造商和第三方回收商的利润。

9.2.1.3 积分兑换用途多元化，关联第三方支付工具

将现金、礼品以及相关服务作为积分兑换项目，同时将积分账户与微信、支付宝等关联，增强积分兑换的便利性。

9.2.1.4 开发多样化积分获取方式，实施积分账户分级管理

为消费者提供多样化的积分获取入口，如针对积分达到一定水平、参与回收或购买环保产品达到一定次数或推荐亲友回收取得效果等情况赠送额外积分。对高等级会员提供更丰富的兑换商品种类、更便捷的回收服务、额外的积分奖励。

9.2.1.5 可尝试与第三方征信机构合作，实行"积分+信用"的双轨激励

信用对个体行为在一定程度上具有约束作用，个人征信已成为生活中不可或缺的重要组成部分，信用度的提升会给人们的生活带来更多的方便，人们也日益重视信用。如果回收积分可以和信用有效关联起来，将会在很大程度上提升回收积分的价值，调动人们参与回收的热情，将参与回收视为自己履行社会责任的重要内容。

9.2.2　针对回收积分平台众筹模式的建议

9.2.2.1　整体筹建

积分平台搭建需要一定的启动资金，且属于环保产业的新兴事物，也属于公共服务设施的一部分，为了缓解资金压力，可采取众筹模式，具体建议如下。

一是为众筹参与者提供积分奖励，提高消费者参与WEEE 回收的积极性。众筹参与者在该平台进行 WEEE回收操作时，相较于其他消费者，可获得更多的积分奖励。这可以鼓励众筹参与者更多地参与 WEEE 回收，也可以鼓励有 WEEE 回收想法的潜在回收者参与平台的筹建工作，从而成功创建平台。

二是平台运营商将一定比例的众筹资金分配给积分运营商，从而降低积分运营商对积分联盟企业的抽成比例，吸引更多优质的加盟企业，提高积分联盟内的企业数量和活跃度。根据研究可知，积分联盟模式的回收量高于独立积分计划，故而优质的积分联盟可以大大提高 WEEE 的回收量。

三是平台可以联合制造商和零售商，为众筹参与者提供 WEEE 回收再制造后的购买服务。让众筹参与者以较低的价格（众筹价格）获得其所需要的产品。

四是根据众筹参与者的需求选择要加盟的企业。在众筹时，首先可以让参与者选择其最偏好的积分联盟企业，然后按照总体意愿，选择所需求的企业，提高积分兑换的积极性，从而提高 WEEE 回收量。

9.2.2.2　平台筹建保障

一是多渠道展示该众筹平台内容，提高平台认同度。平台筹建方应尽可能地丰富该平台展示的信息，提高 WEEE 回收及其再制造过程的透明度，让消费者可以了解到 WEEE 的用处及其在环境、经济方面带来的影响。平台可以通过图片、视频等多种方式来展示 WEEE 的再制造过程，从而帮助消费者更深入地了解 WEEE 回收过程，深化对 WEEE 回收价值的认知，也会对该平台筹建形成更强的信任感和认同感。

二是讲好众筹背后故事，展示平台的环保价值。平台筹建的目的是改善我国 WEEE 回收市场现状，探索治理 WEEE 污染的可持续路径。基于环保理念，有一些群体会主动参与平台的筹建工作，希望能取得非物质层面的收获，比如精神层面的成就感。因此，讲好众筹平台背后的故事，不仅可以保障平台筹建工作的顺利开展，也会起到宣传 WEEE 回收机制的作用，带动大众参与 WEEE 回收以及环境保护。

三是充分利用"名人"效应宣传平台。社会知名人士的推荐以及相关专家的支持，可以推进平台的筹建。做好平台宣传工作，让更多的人了解平台、认可平台，从而支持平台建设。

9.2.3 针对回收企业的建议

9.2.3.1 增强网络回收渠道的易用性和有用性，提升消费者回收体验

感知回收渠道有用性可直接对回收意向产生正向影响，而回收渠道有用性体现为回收渠道的便利程度、实用程度及回收流程的快捷且高效等。另外，感知时间成本对消费者网络回收态度的影响显著，要重点解决回收"最初一公里"问题，如上门回收，或与一些快递网点合作以扩大覆盖范围等，提高回收便利性、减少等待时间。因此，要充分利用互联网技术带来的便利性，开展网站建设和宣传活动，使消费者切实感受到"易用"和"有用"非常重要。

9.2.3.2 增进消费者对回收渠道的信任，降低消费者的感知风险

感知风险对消费者的网络回收态度有显著的负向影响，因此回收商有必要采取措施来降低消费者的感知风险，如保障消费者个人信息安全，特别是包含个人信息的WEEE，保障回收资金安全，保障提供优质的服务，设置

相应的投诉渠道并及时处理消费者投诉等，努力打造良好的形象，增进消费者对渠道的信任，降低其感知的渠道风险。

9.2.3.3 根据自身竞争力，选择是否加入积分联盟

WEEE 回收相关企业在加入积分联盟前，应当考察该积分联盟的整体状况，如联盟活跃度、成员的数量和竞争力等，综合权衡后再决定是否加入。如果自身竞争力不强，应当着力于产品或是广告宣传，在提升自身竞争力后再考虑加入积分联盟，以保障自身利润的增加。

9.2.3.4 充分利用大数据分析技术，对接消费者和商家的需求

积分的累计与兑换需要借助信息技术，承载着个人资料、回收等大量的数据信息，回收企业可通过大数据技术，分析数据，了解消费者的回收需求以及行为特点，从而满足个性化需求。

9.2.4 针对政府的建议

9.2.4.1 加大环保宣传力度，实现对消费者的引导

回收积分制度情景下消费者类型的改变，说明深化积

分认知对消费者形成环保理念、养成环保习惯均有较好的促进作用。同时，本研究也证明了积分主观规范和积分认知对消费者参与回收有显著的正向影响。因此，在宣传方面，政府可以借助媒体等来倡导消费者养成参与回收的环保习惯。政府相关部门应当结合当前"双碳"等相关政策，就 WEEE 的危害、生态文明的重要性以及公民的回收义务等内容进行大力宣传，让消费者的环保和回收意识转化至行动层面。

9.2.4.2　加快 WEEE 回收积分制度的落地落实

政府也应该帮助各零售商或积分联盟相关主体积极宣传回收积分制度，并结合分类积分激励政策。同时管理部门应加大监管力度，强化规范回收，确保消费者隐私等权益受到重视；规范企业行为，促使其通过提供良好的回收服务来吸引消费者参与回收；引导消费者的绿色消费行为，力促消费者向环保类型转变。

9.2.4.3　加强对流动商贩等非正规回收渠道的监管

根据问卷调查结果，经济动机在很大程度上影响着消费者的回收意向。现阶段，由于流动商贩的回收价格相对较高且操作便捷，绝大多数消费者仍会选择此渠道。因此，政府应加强对非正规回收渠道的监管力度，为正规回收市场创造良好的环境。

9.2.4.4　鼓励多企业联合组建积分联盟，提升回收效果

积分联盟的成立能够提高市场的活性，提高 WEEE 的回收量，因此政府可以给予一定的支持政策，同时进一步完善相关法规，引导积分联盟的健康发展。

9.2.4.5　对实施积分制的正规回收企业进行补贴并加强监管

当前我国消费者的环保回收意识相对不强，为促进其参与回收，仍需要采取一定的激励措施，而积分制度便是一种较为长效的激励举措。但积分制度的实施会在一定程度上增加回收企业的成本，故政府可在积分制度推行初期，给予回收企业一定的补贴，调动其开展积分回收工作的积极性。同时，政府也需对回收企业的积分兑换等流程进行监管，以保证回收市场有序发展。制度运行早期可以加强对环保与回收相关知识的宣传，完善相关法律法规，待消费者具备一定环保意识后，再实施基于回收量的补贴政策，进一步引导消费者养成良好的回收习惯，建设良性的回收机制。

9.3　小结

本章归纳总结了全书的重要研究结论，从实施层面，

针对回收积分制度的设计、积分平台搭建提出有针对性的政策建议，也对回收企业及政府等主体提出了引导、宣传、监督等方面的建议，希望能够在"互联网+"背景下推进 WEEE 回收积分制度的顺利实施，助力我国尽早实现"双碳"目标。

附录 1　消费者参与电子废弃物回收及积分制度调查问卷

　　尊敬的先生/女士：您好！非常感谢百忙之中参与调研，调研的目的在于了解影响您参与回收的因素。您填写的信息将严格保密，仅供学术研究。请您仔细阅读填写。感谢您的支持与配合！

　　说明：电子废弃物是指被废弃且不再使用的电器或电子设备，主要包括冰箱、空调、洗衣机等家用电器以及手机、电脑等电子产品。

1. 我认为电子废弃物回收有利于保护环境。
　　○非常不同意　　○不同意　　○一般　　○同意
　　○非常同意

2. 我认为参与回收可以为环保做出贡献，能带来成就感。
　　○非常不同意　　○不同意　　○一般　　○同意
　　○非常同意

3. 我很在意电子废弃物的经济价值，即回收价格。
　　○非常不同意　　○不同意　　○一般　　○同意

○非常同意

4. 我很在意电子废弃物是否能提升我的环保形象。

○非常不同意　　○不同意　　○一般　　○同意

○非常同意

5. 相比于普通产品，环保产品的售价会更高一些，您最多可接受的增加比例？

○不接受　　　○0~5%　　○5%~10%

○10%~15%　　○15%及以上

6. 我认为通过自己的努力，可以改善当下的环保现状。

○非常不同意　　○不同意　　○一般　　○同意

○非常同意

7. 回收过程越便利，我越愿意参与回收

○非常不同意　　○不同意　　○一般　　○同意

○非常同意

8. 回收过程对于信息隐私程度保护得越好，我越愿意参与回收。

○非常不同意　　○不同意　　○一般　　○同意

○非常同意

9. 身边亲朋好友参与电子废弃物回收，那么我也愿意参加。

○非常不同意　　○不同意　　○一般　　○同意

　　○非常同意

10. 政府、环保组织等的宣传会促使我参与回收。

　　○非常不同意　○不同意　　○一般　　○同意

　　○非常同意

回答以下问题之前，请您休息片刻，并向您介绍一个新概念"**回收积分制度**"。

　　回收积分制度是指在您将电子废弃物交与正规回收机构时，除了应得的回收费外，还可获得一定数额的积分，该积分可用于兑换商品、现金或服务，同时还可提升您的环保形象等。

11. 在今后的生活中，您愿意主动参与电子废弃物回收吗？请在 0～10 打分。其中"0"代表非常不愿意，"10"代表非常愿意。_____

12. 我很了解一些积分制度。

　　○非常不同意　○不同意　　○一般　　○同意

　　○非常同意

13. 我经常参与一些积分兑换活动。

　　○非常不同意　○不同意　　○一般　　○同意

　　○非常同意

14. 我很在意参与积分回收带来的经济价值，即兑换现金礼品等。

○非常不同意　　○不同意　　○一般　　○同意
○非常同意

15. 我很在意参与积分回收是否能提升我的环保形象。
○非常不同意　　○不同意　　○一般　　○同意
○非常同意

16. 由于积分能够变相提供现金回报，但是相应的回收价格会减少，您最多能接受的减少比例？
○不接受　　　　○0~5%　　　○5%~10%
○10%~15%　　　○15%及以上

17. 积分回收流程越便利，我越愿意参与积分回收。
○非常不同意　　○不同意　　○一般　　○同意
○非常同意

18. 积分兑换条件越简单，我越会愿意参与积分回收。
○非常不同意　　○不同意　　○一般　　○同意
○非常同意

19. 身边亲朋好友参与积分回收，那么我也愿意参加。
○非常不同意　　○不同意　　○一般　　○同意
○非常同意

20. 商家和回收商等对于积分回收的大力宣传会促使我参与积分回收。
○非常不同意　　○不同意　　○一般　　○同意

○非常同意

21. 我比较关注积分兑换内容的多样性。

○非常不同意　○不同意　　○一般　　○同意

○非常同意

22. 我比较关注积分兑换方式的多样性，如可以线上线下多种方式兑换。

○非常不同意　○不同意　　○一般　　○同意

○非常同意

23. 关于积分的兑换，您倾向于哪些用途。

□返还现金　□兑换小商品　□兑换相关服务（维修/家电清洗等）　□环保产品折扣　□积分活动

24. 在今后的生活中，如果实施积分回收制度，您愿意主动参与电子废弃物回收吗？请在 0 ~ 10 打分。其中"0"代表非常不愿意，"10"代表非常愿意。＿＿＿

25. 您的性别：□男　□女

26. 您的年龄段：

○20 岁及以下　○20 ~ 30 岁　○30 ~ 40 岁

○40 ~ 50 岁　　○50 岁及以上

27. 您的月均收入水平：

○3000 元及以下　○3000 ~ 5000 元　○5000 ~ 8000 元

○8000 ~ 10000 元　○10000 元及以上

28. 您的受教育水平：

　　○高中及以下　　○专科　　　　○本科　　○硕士

　　○博士及以上

29. 您目前从事的职业：

　　○学生　　　○企业工作人员　　　○教学科研人员

　　○政府工作人员　　　○其他

30. 您对环保知识的了解程度（如您是否了解正规回收与非正规回收对环境产生的影响）：

　　○非常不了解　　○不了解　　　○一般　　○了解

　　○非常了解

附录2 "互联网+回收积分制度"下 消费者回收渠道调查问卷

尊敬的先生/女士：您好！非常感谢您参加此次调研，本次调研的目的是调查消费者参与电子废弃物的回收行为，主要包括渠道选择与积分制度两个方面。本次调研结果仅用于科学研究，且采用不记名的形式，请您根据您的实际感受放心填写；本次问卷大约会占用您5分钟的时间，请您耐心填写，感谢您的支持与配合。

电子废弃物是指被废弃或不再使用的电子电器设备，主要包括冰箱、空调、洗衣机等家用电器以及手机、电脑等电子产品。

1. 您参与过的回收方式：

□传统回收渠道

□网络回收渠道（如爱回收、京东回收等）

□街边移动商贩（如街边的废品回收者）

□以上均没参加过

2. 学习使用网络回收平台或 App 对我来说很简单：
　　○非常不同意　　○不同意　　○一般　　○同意
　　○非常同意

3. 熟练操作网络回收平台或 App 对我来说很简单：
　　○非常不同意　　○不同意　　○一般　　○同意
　　○非常同意

4. 通过网络回收平台或 App 完成回收对我来说很简单：
　　○非常不同意　　○不同意　　○一般　　○同意
　　○非常同意

5. 找到传统回收的回收网点对我来说很简单：
　　○非常不同意　　○不同意　　○一般　　○同意
　　○非常同意

6. 通过传统回收方式完成回收对我来说很简单：
　　○非常不同意　　○不同意　　○一般　　○同意
　　○非常同意

7. 与传统回收方式相比，我认为通过网络回收方式处理
　　电子废弃物更加高效：
　　○非常不同意　　○不同意　　○一般　　○同意
　　○非常同意

8. 与传统回收方式相比，我认为通过网络回收方式处理
　　电子废弃物更加方便：

○非常不同意　　○不同意　　○一般　　○同意

○非常同意

9. 与传统回收方式相比，我认为网络回收方式更加实用：

○非常不同意　　○不同意　　○一般　　○同意

○非常同意

10. 对我来说重要的人（如家人、朋友、同事）会赞同我
　　通过网络回收方式进行回收：

○非常不同意　○不同意　　○一般　　○同意

○非常同意

11. 媒体、政府、社会组织等会支持我通过网络回收方式
　　进行回收：

○非常不同意　○不同意　　○一般　　○同意

○非常同意

12. 我认为我有能力使用回收网站或回收 App（指使用电
　　脑、智能手机、互联网的知识与能力）：

○非常不同意　○不同意　　○一般　　○同意

○非常同意

13. 我认为找到回收网站或回收 App 对我来说很容易：

○非常不同意　　○不同意　　○一般　　○同意

○非常同意

14. 我认为我可以成功使用回收网站或回收 App 完成回收：

○非常不同意　　○不同意　　○一般　　○同意

○非常同意

15. 对于网络回收渠道，请根据您的实际感受进行选择（1～5 代表您的担心程度，数字越大，表示您越担心）。

	1	2	3	4	5
我担心网络回收平台会泄露我的个人信息资料	○	○	○	○	○
我担心网络回收商不能专业地处理涉及隐私的电子废弃物（如废旧手机），造成我的隐私泄露	○	○	○	○	○
我担心网络回收平台的回收价格不合理	○	○	○	○	○

16. 对于传统回收渠道，请根据您的实际感受进行选择
（1~5代表您的担心程度，数字越大，表示您越担心）。

	1	2	3	4	5
我担心传统回收商会泄露我的个人信息资料	○	○	○	○	○
我担心传统回收商不能专业地处理涉及隐私的电子废弃物(如废旧手机),造成我的隐私泄露	○	○	○	○	○
我担心传统回收平台的回收价格不合理	○	○	○	○	○

17. 与网络回收方式相比，我认为将电子废弃产品送到传
统回收网点会占用我较多时间：
○非常不同意　○不同意　　○一般　　○同意
○非常同意

18. 与网络回收方式相比，我认为传统回收的交易过程
（如检查、评估、议价等）会占用我较多时间：
○非常不同意　○不同意　　○一般　　○同意
○非常同意

19. 与网络回收方式相比，我认为传统回收的整个回收流程会消耗较多时间：

○非常不同意　○不同意　○一般　○同意
○非常同意

20. 与传统回收方式相比，我认为通过网络回收方式参与回收更加时尚：

○非常不同意　○不同意　○一般　○同意
○非常同意

21. 与传统回收方式相比，我认为网络回收可以为我提供更广泛的服务：

○非常不同意　○不同意　○一般　○同意
○非常同意

22. 与传统回收方式相比，我认为通过网络回收我可以获取更高经济收益（如网络回收会给我更高的回收价格等）：

○非常不同意　○不同意　○一般　○同意
○非常同意

23. 与传统回收方式相比，我认为网络回收是一种很好的回收方式：

○非常不同意　○不同意　○一般　○同意
○非常同意

24. 与传统回收方式相比，我认为使用网络渠道进行回收会感到很愉悦：

    ○非常不同意　　○不同意　　　○一般　　　○同意
    ○非常同意

25. 请您对以下两种回收渠道偏好（喜欢）程度进行选择。

	很不喜欢	不喜欢	一般	喜欢	很喜欢
网络回收渠道	○	○	○	○	○
传统回收渠道	○	○	○	○	○

26. 请根据您对以下两种渠道的信任程度进行选择。

	很不信任	不信任	一般	信任	很信任
网络回收渠道	○	○	○	○	○
传统回收渠道	○	○	○	○	○

27. 如果有待回收的电子废弃产品，我会优先选择网络回收渠道：

    ○非常不同意　　○不同意　　　○一般　　　○同意
    ○非常同意

28. 如果朋友有待回收的电子废弃产品，我会推荐他们选择网络回收渠道：

　○非常不同意　　○不同意　　　○一般　　　○同意

　○非常同意

29. 如果有待回收的电子废弃产品，我会优先选择传统回
收渠道：

　○非常不同意　　○不同意　　　○一般　　　○同意

　○非常同意

30. 如果朋友有待回收的电子废弃产品，我会推荐他们选
择传统回收渠道：

　○非常不同意　　○不同意　　　○一般　　　○同意

　○非常同意

图书在版编目（CIP）数据

互联网+回收积分制度：电子废弃物回收决策分析／
钟华著.--北京：社会科学文献出版社，2024.1
ISBN 978-7-5228-2412-3

Ⅰ.①互… Ⅱ.①钟… Ⅲ.①电子产品-供应链管理
-研究-中国 Ⅳ.①F426.63

中国国家版本馆 CIP 数据核字（2023）第 165138 号

互联网+回收积分制度
——电子废弃物回收决策分析

著　　者／钟　华

出 版 人／冀祥德
责任编辑／吴　敏
责任印制／王京美

出　　版／社会科学文献出版社
　　　　　地址：北京市北三环中路甲 29 号院华龙大厦　邮编：100029
　　　　　网址：www.ssap.com.cn
发　　行／社会科学文献出版社（010）59367028
印　　装／三河市东方印刷有限公司

规　　格／开本：880mm×1230mm　1/32
　　　　　印张：8.125　字数：141 千字
版　　次／2024 年 1 月第 1 版　2024 年 1 月第 1 次印刷
书　　号／ISBN 978-7-5228-2412-3
定　　价／79.00 元

读者服务电话：4008918866